*Mutluluğa Söz Verdim*

# DENİZ SEKİ

**Mutluluğa Söz Verdim / *Deniz Seki***



Yayıncı ve Matbaa Sertifika No: 10614



*Genel yayın yönetmeni* Ahmet Bozkurt
*Editör* Burcu Bilir Agalar
*Kapak tasarım* Berkcan Okar (www.berkcanokar.com)
*Sayfa tasarım* Derya Balcı

ISBN: 978-975-10-3776-3

17 18 19 20   7 6 5 4 3 2 1
İstanbul, 2017

*Baskı ve Cilt*
**İnkılâp Kitabevi Yayın Sanayi ve Ticaret AŞ**
Çobançeşme Mah. Sanayi Cad. Altay Sk. No. 8
34196 Yenibosna – İstanbul
Tel : (0212) 496 11 11 (Pbx)

**İNKILÂP Kitabevi Yayın Sanayi ve Ticaret AŞ**
Çobançeşme Mah. Sanayi Cad. Altay Sk. No. 8
34196 Yenibosna – İstanbul
Tel : (0212) 496 11 11 (Pbx)
Faks : (0212) 496 11 12
posta@inkilap.com
**inkilap.com**

*Mutluluğa Söz Verdim*

# DENİZ SEKİ

Çünkü ağlayarak dünyaya geldim...

**Deniz Seki**

*Türk Pop müziğinde kendi söylediği şarkılar dışında yazıp bestelediği ve başkaları tarafından seslendirilen hitlerle milyonların kalbinde yer edinen Deniz Seki İstanbul'da doğdu.*

*İlk olarak 1993 yılında Melih Kibar ile tanışan Seki, birçok sanatçıya vokalistlik yaptı. Kenan Doğulu, Emel Müftüoğlu, Ege, Ferda Anıl Yarkın, Zuhal Olcay ve Yaşar Günaçgün gibi önemli müzisyenlerle çalıştı. 1995 yılında, "Pop-Show 95" şarkı yarışmasına kendi yazdığı şarkı ile katılarak birinci oldu ve ardından ilk albümü olan "Hiç Kimse Değilim" 1997'de yayınladı.*

*İki sene sonra söz ve müziklerinin birçoğu kendisine ait olan "Anlattım" isimli albümüyle bir kez daha sevenleriyle buluşan Deniz'in "Şeffaf", "Aşkların En Güzeli", "Aşk Denizi", "Sahici", "Sözyaşlarım" ve "İz" adını verdiği albümleri bulunuyor. İkisi sinema, ikisi televizyon dizisi olmak üzere toplam 4 filmde rol aldı.*

*En İyi Pop Kadın Sanatçı, Yılın En İyi Albümü, Yılın En İyi Şarkısı gibi sayısız ödülün sahibi Deniz Seki'nin ilk kitabı* Deniz'in Dibi *2016 yılında yayımlandı.*

**Daha fazla bilgi için:**

denizseki.com denizsekireal denizseki DenizSeki

Deniz Seki Menajerlik ve İletişim Hizmetleri
Özgür Aras (0212) 272 17 64-65

Bu kitap kendini hayatın akışına bırakan
herkese ithaf edilmiştir…

Hayat kaldığı yerden devam...
Tüm dostlara selam!..

Sevgili okurum,

2009 yılında başlayan ve tam bitti derken, büyük bir kâbus gibi tekrar başlayan bir cezaevi serüveni yaşıyor ve yazıyorum. Şarkılar, şarkı sözleri ile başlayan kariyerim ne yazık ki o uğursuz tarihte keskin bir biçimde sekteye uğradı. Bu derin ve acılı günlerde de ilk ilacım, her zamanki gibi notalar, kâğıt ve kalem oldu.

Geçirmek zorunda olduğum bu zorlu süreçte, cezaevi günlüklerimden oluşan ilk kitabım *Deniz'in Dibi* yayımlandı. Bir kitap ismi ancak bu kadar içeriğiyle örtüşebilir demiştim ilk yayımlandığı zaman. Hakikaten de öyleydi. Beğenilen, sevilen bir şarkıcı ve her şeyden öte bir kadın olarak hayatımın en dipsiz görünen kuyusuna fırlatılmış gibi hissediyordum kendimi. Düşüncelerim, duygularım hatta aklım tamamen dumura uğramış gibiydi. Tabii ki gerek cezaevinde tanıştığım "kader arkadaşlarım", gerekse ailem, Faruk'um ve sevdiklerim beni ayakta tutmak için ellerinden gelen her şeyi yapmıştı. Ama notalar, kâğıt ve kalem olmasa ne yapardım bilemiyorum.

İlk kitabım *Deniz'in Dibi*'nde, kelimelerin izin verdiği ölçüde size bu en karanlık günlerimi anlatmaya çalıştım. Tabii ki bolca gözyaşı ve acı vardı sayfalarımda, ama hiçbir zaman tamamen karanlığa teslim olmadım ben. Bütün o acının, isyanın ve hüzün bulutlarının ardında yine de adalete inanmanın, umuda sarılmanın sıcaklığını taşımıştım sayfalarımda. O bir dibe iniş öyküsüydü. En karanlığın bile içinde ışığı arayan bir kadının öyküsü... Ancak, tıpkı her yokuşun bir inişi olması gibi, her inişin de bir çıkışı var muhakkak.

Sanatçıların kelimelerle, seslerle, renklerle, birbirinden farklı malzemelerle hayatını kazandığı düşünülür ya, aslen o iş öyle değildir. Sanatçılar, kalpleriyle hayatlarını kazanır. Düşüncelerden, rakamlardan ziyade duygularla örülen bir yaşamdır onlarınki. Ben de her ne kadar işimden, evimden, kendimi en tamamlanmış hissettiğim yer olan sahneden uzak tutulsam da bir sanatçıyım.

Ve bu kez de size, Deniz'in en dibinde bulduğu hazineleri ve o hazinelerle yüzeye çıkışının ve güneşi ilk görüşünün heyecanını taşıyacağım satırlarımla. Umutlu bir öykü anlatacağım, Zümrüdüanka'nın öyküsünü... Yanıp yanıp küllerinden doğuşun ve insanın kendi içindeki mucizelerle tanışmasının öyküsünü. Hem zaten anlaşılmak her insanın isteği değil mi? Hele ki koskocaman bir yalanın yaraladığı biriyseniz... Ben de kendimi anlatmak, anlaşılmak istiyorum. Kendinizi karanlık bir denizin fırtınalarıyla boğuşurken bulduğunuzda, satırlarım size ışık olsun ve umudun hiç bitmediğini hatırlatsın istiyorum.

Kimsenin, özellikle de bir kadının yaşamasını istemediğim günler geçirdim. Ama derler ya, zorluklar insanı büyütürmüş diye. Öyleymiş gerçekten...

İçinde bulunduğum, bir avuç gökyüzüyle özgürlük hayalleri kurduğum, yerüstündeki bu mezarlıkta, kendimi ve dünyayı daha iyi anlama ve anlatma fırsatım oldu. Çok düşündüm, çok okudum, benim gibi "kader mahkûmu" kadınlarla konuştum.

Bu kitapta, benimle birlikte, birbirinden fersah fersah uzak ama kaderin tuhaf bir oyunu sonucu aynı yerde, aynı zamanda, aynı hüzün ve aynı sevinçlerle birleştiğim bu kadınların da öyküsünü okuyacaksınız. Bir kitap yazıp onları anlatmamak olmazdı çünkü. Zaman içinde onlar benim arkadaşım, hatta kardeşim oldular. Birbirimize tutunduk. Beni, bizi okurken zaman zaman yüreğiniz daralacak, göğsünüz sıkışacak ama dört duvar arasında oluşturulmuş bu yeni dünyayı, yani cezaevini tanırken çokça da gülümseyeceksiniz... Kapalı, havasız, küçücük bir hapishane koğuşundaki kadınların öyküsünü okurken gülümsemek fikri pek çoğunuza tuhaf gelebilir belki. Ama unutmayın ki kadınlar, bin bir kırılganlığına rağmen belki de dünyadaki en güçlü varlık. Her türlü acının içinden sevinci, umudu doğuran, besleyip büyütmeyi bilen, her zaman sürprizlere, mucizelere gebe bir varlık. Bu kitapta da sizlere, filmlerde gördüğünüz, romanlarda okuduğunuz, dilerim hiç görmeyeceğiniz bir hapishanenin nasıl olduğunu anlatacağım...

Ben size kendimi adeta yeniden inşa ettiğim, "Yerüstündeki Zincirlikuyu" dediğim bir yerden yazıyorum bu satırları. Size anlatacaklarım, zirveden dipsiz, bitimsiz kuyulara inişimin ardından tekrar yüzeye uzanan, kimi anı kırılgan, kimi anı ümitsiz ama pek çok anı umut ve gülümseme dolu bir öykü. İnsanlar isimlerini yaşatır derler. Benim öyküm de böyle; biraz tuz, biraz yakamoz...

Ama hep hayata bağlı, hayat dolu bir öykü. Şimdi size bu satırları yazarken, umudumu kaybettiğim, acılarımın hiç bitmeyeceğini sandığım günleri hatırlıyorum. Ben çocukluklarımı, kırılganlıklarımı ama onların ardından gelen çocuksu neşemi ve hiç bitmeyecek, beni ben yapan aşkı seviyorum. Emin olun, eğer siz de beni sevenlerdenseniz tam da bu yüzden. O her daim çocuk, her daim kalbini çocuk sıcaklığında tutan halimden. O sevdiğiniz şarkılar, o sevdiğiniz ses, hepsi o çocuk kalpten geldi.

İlk kitabımda size, gökyüzünden olmasa da sahnelerden bir yıldızın düşüşünü anlatmıştım. Şimdi de bir kısmı benzer, bir kısmı bambaşka bir öykü anlatacağım. En derinden, kuyuların en karanlığından yüzeye çıkışın, kısmetse tekrar o sahnelere, ışıkların altına dönüşünün öyküsünü. Hayatımın aşkına, sevdiğim adama kavuşacak olmanın da heyecanını anlatacağım size.

Deniz gibi, su gibi anlatacağım. Çok şairane anlatmayacağım belki, ama isterim ki bu satırları okurken, sevdiğiniz, dost bellediğiniz biriyle konuşuyormuşçasına aksın gitsin öyküm gözlerinizin önünden. Kimi zaman, büyük ve soğuk dalgalarıma da tanıklık edeceksiniz ama şükürler olsun ki Deniz'in en büyük fırtınaları çoktan dindi.

Yüreğim yeni yazlara, ferah ve sakin dalgalara hazırlanıyor artık. Ben buradan çıktığımda, kocaman bir gemiye binmek, denizin en mavi, en sıcak, en bereket dolu olduğu yerlere gitmek istiyorum sevdiğim adamla. Bir de istiyorum ki, siz bu satırları okurken, güneşin sıcaklığı, rüzgârın serinliği, biraz da Deniz'in tuzu dokunsun ruhunuza. Hiç umudunuzun kalmadığı o karanlık anlarınızda –ki böyle anları hiç yaşamayın isterim ama oluyor; hayat işte, acılarla büyüyoruz– benim öykümü hatırlayın. Zirveden denizlerin en karanlığına inen, o karanlıklarda kendisiyle yüzleşen ve tekrar dolunaylı bir gecede yakamozlarla dolu bir denize dönüşen öykümü. Öyküm size umut olsun...

## *Mutluluğa söz verdim...*

Çünkü mutlu olmanın doğuştan gelen hakkım olduğunu ancak anladım...

Ve

Mutluluğa söz verdim

Çünkü ağlayarak dünyaya geldim

Hem sevdim, hem sevildim

Hep sevdim, hep sevildim

Hem yazdım, hem söyledim

Hem jazz'dım, hem tökezledim

Ama geçti...

Artık umut ektim koca sevgi ağacım için. Bir sürü çiçek açtı yenilendi sevgi ağacım benle.

Ve bu bahar, her bahar, hep baharlara uyanacağım sabahlara da sözümdür mutluluğa verdiğim bu söz.

Yakında doğacak olan güneşimin her sabahına gecemi aydınlatacak yıldızlara da sözümdür.

Hem aya hem yakamozlara o masmavi sulara da verdiğim sözdür bu benim.

Denizlere, dağlara, yaylalara, ovalara, ırmaklara, ağaçlara, dallara, bütün ormanlara...

Hem gencine, hem yaşlısına hem de bebekleredir bu sözüm benim.

Canım kuşlara, bütün evrene, doğadaki haycanlara* açtım kollarımı...

Sarılmak istediğim her mutluluğa bundan böyle söz verdim.

Kusura bakmasın hüsran biletini kestim gönderdim.

* Tüm hayvanlara ben HAYCAN diyorum... Çünkü onlar can...

*"Birkaç gün önce çok hoş bir öykü dinledim," dedi ve gözlerini yumdu. Bekledim.*

*Evet... bu, sahillerde köpük köpük dolaşan, küçük, mutlu bir deniz dalgasının öyküsü. Minik dalga güneşin ve rüzgârın keyfini çıkarır engin denizlerde. Gönlünce, olabildiğince mutlu –ta ki kendinden önce karaya ulaşan diğer dalgalara ne olduğunu görünceye dek.*

*"Aman Tanrım, bu çok korkunç," der dehşet içinde. "Gördün mü başıma ne gelecek?"*

*Yanına gelen bir başka dalga onun hüzünlü halini görüp sorar: "Neyin var dostum?"*

*Bizim küçük dalga yanıtlar. "Hayır, hayır," der. "Sen anlamıyorsun. Sen, küçük bir dalga değil, engin denizin bir parçasısın."*

*Gülümsüyorum. Mori, gözleri kapalı tekrarlıyor: "Engin denizin bir parçası..." Güçlükle nefes alıp vermesini izliyorum.*[*]

---

* Mitch Albom, *Öğretmenim Mori'yle Salı Buluşmaları – Hayattaki En Büyük Ders*, çev. Burcu Gezek Harbert, Boyner Yayınları, İstanbul, 2016, s. 180.

## Şükrün gücü

*"Konduğu dalın inceliğinden düşecek*
*gibi olan ama yine de kanatları*
*olduğunu bilerek şarkı*
*söyleyen bir kuş gibi ol."*
– Victor Hugo

*"Gönlüm uçmak dilerken semavi ülkelere;*
*Ayağım takılıyor yerdeki gölgelere..."*
– Necip Fazıl Kısakürek, *Gölgeler*

İnsan ne tuhaf bir varlık. Aynı anda hem şefkatli, hem acımasız olabiliyor. Hem minnettar, hem günahkâr hem de unutkan... Şimdi bulunduğum bu küçücük koğuşta kendimi yeniden keşfetmeye, yeni bir ben var etmeye çalışırken, özgürlük günlerimi hatırlıyorum. Aslında hep şükreden, hep benim kadar şanslı olmayanları düşünen, elinden geldiği kadar da yardım etmeye çalışan biri oldum hep. Ama bugün bakıyorum da, geçmişin büyük görünen üzüntüleri, küçümsenen mutlulukları aslında ne kadar da önemliymiş. Mesela özgürlük. Ben özgürlüğün anlamını, küçücük bir koğuşa hapsedilene dek anlamamıştım. Herkes özgürlüğü anladığını, sevdiğini, önemsediğini söyler ama esareti yaşamadıysa, gerçekten yüreğinde anlayamaz özgürlüğün kıymetini.

Bugün geçmişime baktığımda, en büyük üzüntülerin bile masmavi bir gökyüzü altında ne kadar anlamsız kalabildiğini görmediğim için kendime sitem ediyorum. Büyük sanılan dertler ne kadar da küçükmüş gökkubbenin altında... İnsanın saçlarına dokunan rüzgârı hissetmek, değişen mevsimlerle çiçek açan ağaçları görmek ne kıymetliymiş. Hatta ne kadar kıymetliymiş sevdiğinin elini tutabilmek. Kızgın da, kırgın da olsan, en büyük kavganı az önce etmiş bile olsan. O ele dokunabilmek, o eli istediğin zaman tutabileceğini bilmek ne büyük nimetmiş. Ben, bunları görüş gününden bir gece önce, "yarın sevdiğim gelecek, Allahım birkaç dakika da olsa yarın onu görebileceğim" derken, heyecandan kalbim göğüs kafesimden çıkacak gibi olduğunda anladım. Sevdiğin adamın yanında ağlarken, onun uzanıp gözyaşlarını sileceğini bilmek bile güzelmiş. Aramızda soğuk, pis bir cam varken, iki kocaman insan o camın ardında gözyaşı dökerken anladım.

Anladığım her şey biraz daha büyüttü beni, beni biraz daha ben yaptı. Büyük acılar, büyük travmalar yaşayanların bazıları bu yaşadıkları acılarla acılaşırmış, bazıları ise o acılarını şifalandırır, başkalarına da şifa olurmuş. Ben ikincisi olmayı seçtim. Hiç ummadığım bir zamanda, hiç tahmin edemeyeceğim bir şekilde yaralandım, kırıldım, kanadım, parçalarım dört bir yana saçıldı. Ruhumun kırıkları bir daha asla toparlanmaz sandım ama oldu. Çünkü kaybettiklerime baktığımda, acımın beni acılaştırmasına, kalbimin kırıklarının önce beni ardından da başkalarını üzmesine izin vermedim.

Gökyüzünü göremediğim için isyan ettim ama ranzamdan, bütün gücümle uzanınca, bir avuç gökyüzünü görebildiğim zaman, o kadarcık maviliğe bile şükrettim. Hayatımın daha başlarındayken tanıdığım, dünyanın en güzel kalpli adamını sadece haftada veya on beş günde bir, kirli bir camın ardından görebildim; ona sarılamamak yüreğimi kavurdu. Ama o kirli, soğuk kalın camın ardından bile bana sevgisini hissettirebildiği için ona ve onu bana gönderen Yaradanıma şükrettim.

Elimden alınanları, haksız yere çalınanları unutmadım, ama elimde kalanlara şükretmeyi bildim. Şükrün gücüne ve Allah'ın mucizelerine inandım. Yeterince yürekten sever ve istersen, her derdin devasının, insanın tam içinde olduğuna, insanın en amansız görünen dertlere bile çareyi içinde bulabileceğine inandım. Her şeyden önce, Yaradan'a inandım. Onun verdiği, o an içinde farkında olduğumuz ya da olmadığımız tüm nimetlere şükretmenin önemini ilk kez burada bu kadar derinden anladım.

Aldığımız her nefesin içinde hazineler sakladığına inandım. Ve tabii ki yazının gücünü de bir kez daha anladım. Ölmeden kabir azabını tattıran bu yerde, şükretmenin gücünün farkına vardım. Burada geçen günler boyunca, hiç durmadan, neredeyse her boş anımda içimi defterlere, güncelere döktüm. Adeta okul günlerime döndüm desem yeri var. Özellikle, insanın hayatının neredeyse en az sorumluluk ve zorluk dolu günlerini hatırlatsın diye özellikle çizgili defterlerden istedim. Mutluyken o çizgili okul defterlerine notlar alırken kenarlarına küçücük çiçek desenleri çizdim. Gazete kupürlerini kesip o defterlere yapıştırdım. Tıpkı ilk gençlik yıllarının en temiz, en ışıl ışıl, en ferah zamanlarında olduğu gibi...

Bu defterlerden birini de kendime şükür defteri olarak ayırdım. Dışardan çok acayip bir şeymiş gibi gelebilir ama dışarıdayken şükrünü sadece içinden ya da yakın dostlarıyla alçak sesle paylaşan Deniz'in cezaevinde bir şükür güncesi oldu. Hem de dolu dolu... Kenarları çiçeklerle, gülen yüzlerle süslü defterimin ilk cümlesi de şu:

Bak nefes alıyorsun, bunu kutla, bak çiçek açıyorsun. Gelecek günlere kucak açıyorsun... Gelecek günlere kucak açmak, beni diri tutan, iyileştiren, paranın satın alamayacağı kadar güçlü ve özel bir duygu. Gelecek günlere kucak açmak fikri, adeta bir perinin sihirli değneği, bir çizgi kahramanın süper gücü ve tabii ki doğanın mucizesi.

Tek bir yaprağı bile kalmamış, kara kışın ortasında, sert yağmurlarla, fırtınalarla sarsılan bütün ağaçlar aslında yeni ve bereketli baharlara gebe değil mi ki?

## Düşenin hali

*Böğürtlen lekesini en iyi böğürtlenin yaprağı çıkartır.*

*Dert dermanın yanı başında...*

"Düşenin halini düşen anlar," derler... Haklılar ama benim işim de anlatmak. Seslerle, kelimelerle... Kimi zaman notalara dökerek... Bunu yapıp notalara uzanamıyorsam, daha doğrusu uzansam da bunu sizlerle paylaşamıyorsam, düzyazıya başvurarak kelimelerle derdimi anlatmak, ama mutlaka anlatmak...

Oysaki içinde bulunduğum durumu, içine hapsedildiğim kuralları; toprağı, havası, suyu bana çok yabancı bu yeni dünyayı anlatmak hepten önemli. Bir o kadar da zor. Burayı anlatmak; acısı bile tatlı aşkı, sevdaya dair ayrılıkları anlatmaya benzemiyor. O acısı bile tatlı insana dair, insanı insan kılan anları, duyguları seslere dökmeye benzemiyor burayı anlatmak. Burayı anlatmak, gözleri görmeyen birine gökkuşağını anlatmak gibi biraz. Ama o ne kadar güzel bir çabaysa, bu da tam tersi acı dolu, biraz zehirli bir hali anlatmak. Belki de anlatmak derdi de ondan.

Acılar paylaşıldıkça eksilmiyor mu? Yazmak şifalandırmıyor mu insanı? Bu yüzdendir belki de bütün çabam. Yutkuna yutkuna kelimeleri seçmeye çalışıyorum, neresinden tutsam neresinden başlasam desem, duygularımı ifade edecek sözler boğazıma düğümleniyor. Elini, kolunu, dilini bağlayan bir hali anlatmak için hangi kelimeleri seçmeli ki insan...

Burada acı, somut bir gerçek. Adeta bir masa, sandalye gibi elini uzatsan sanki dokunabileceğin bir şey bu dört duvar arasında hüzün. İsyan ve çaresizlik el ele tutuşmuş gibi. En neşeli anınızda bile, her an kapınızı çalmadan davetsizce kalbinizin ortasına dalabilirler. Ve her acı dalgası, bu acıyı ilk kez yaşıyormuşsunuz gibi kalbinizi, ruhunuzu cam kesikleri gibi kanatıyor. Tam iyileşir gibi olduğunu sandığınız anda yeniden incecik kesiklerinizden sızan kanı hissediyorsunuz. Bir bakıyorsunuz ki tüm ruhunuz kan revan...

Dünyada kimse kalmamış, yapayalnız ve çaresizmişsiniz gibi hissettiriyor bu dört duvar size. O anlarda ne sevenlerinizin sesi ulaşıyor kulaklarınıza, ne de özlediklerinize bir gün er ya da geç kavuşacak olmanız fikri sizi mutlu edebiliyor. Buz gibi bir şey burada olmak. İnsan buraya düşmeye görsün... Burada her şey ve her hikâye öyle gerçek ki... Ve buradaki her somut gerçek bir o kadar acıtıcı ki... Hiç ama hiç kimse kolay kolay günün birinde burada olabileceğini düşünmeden yaşıyor... Tıpkı bir zamanlar dışarıda, özgür olan bu insanlar gibi. Ben de dahil neredeyse hiçbirimiz günün birinde burada olabileceğimizi düşünmemiştik. Neredeyse hiç kimse, bir sabah uyanıp da demir parmaklıklarla, dikenli tellerle çevrili –havası zehir, suyu içilmez– bu yerde kendini bulacağını düşünmemişti. Ama bir gün gözünü açıp, kendini burada bulmak o kadar mümkün ki...

Şaşıracaksınız belki ama buradaki hikâyeler neredeyse herkesin her an başına gelebilecek türden hikâyeler. Hele ki bu kadar öfkeyle yoğrulmuş, neredeyse öfkeyle nefes alıp veren bir toplumda yaşıyorsanız... Evet çok üzücü, çok ürpertici ama köküne kadar gerçek öyküler buradaki insanların öyküleri.

Kimse bir sabah uyanıp da eşini öldürebileceğini veya yaralayabileceğini, annesinin veya babasının canına kast edebileceğini düşünmüyor elbette. Kimse trafikteki bir hatasının bedelini yaşadığı sürece asla geçmeyecek bir vicdan azabıyla ödeyeceğini tahmin bile etmiyor. Kimse sevdiği, güvendiği insanların ihanetleri nedeniyle yıllar boyu dört duvar arasına mahpus kalacağını düşünmüyor. Kimse, konuşurken bile sesi ürkek, utangaç bir kız çocuğu gibi çıkan incecik narin kadınların cezaevine düşeceğini düşünmüyor. Halbuki biliyor musunuz en çok da o kırılgan, zarif, naif, ürkek kadınlar buraya düşüyor.

Sevgisizlikle harmanlanmış, korkuyla büyütülmüş, üzerine baskı kurulmuş, bastırılmış, sesi nefesi kesilmiş o kadınlar günün birinde büyük öfke patlamaları yaşıyorlar. Kendileri bile ne yaptıklarını bilmeden, çoğunlukla da can havliyle, büyük bölümü de canını kurtarmak için çabalayan kadınlar cezaevlerini dolduruyor.

O naif, o zarif, o güvercin beyazlığındaki küçücük eller, hiç tahmin etmedikleri, anlatırken bile korkuyla titredikleri suçlara karışıyor. Kimi de tertemiz kalbinin, sevgiyle dolu, dünyanın kirini pasını bilmeyen kalplerini yanlış adamlara verdikleri için buradalar. Her birinin öyküsü, her birinin gittiği geldiği yer farklı ama bu kadınları aynı yerde buluşturan en temel etken neredeyse hep erkekler. Kimi baba kurbanı, kimi ağabey, kimi eş, sevgili, kimi de patron... Kadınların neredeyse hepsinin hayatını allak bullak eden hep erkekler olmuş. Çoğunlukla da aşk. Ya âşık oldukları adamlardan ya da onlara âşık olduğunu sanıp bela olmuş adamlardan kurtulmak istemiş bu kadınlar –buradakiler–. Sayısal olarak çok az da olsalar, yine kendini tamamlamış, yüreğini temiz tutmayı başarmış erkeklerin desteğiyle ayakta duran kadınlar kimisi...

Kimini yârinden gelecek bir mektup, kimini babacığı ve anneciğiyle yapacağı açık görüşlerin heyecanı tutuyor ayakta. Buradaki hayat biraz Nâzım Hikmet şiirlerindeki gibi. Sevenin elinden gelecek taze soğan bile dünyanın en güzel kokusuna sahip burada. Bu arada, cezaevlerindeki kadınlar, çoğu insanın sandığı gibi kaba saba, cahil ve bilgisiz de değil... Aksine aralarında son derece eğitimli kadınlar da var.

Kader bu ya, kimi ne zaman ve hangi yolla buraya savuracağı hiç belli değilmiş hakikaten... Yani sözün özü, burası bir cehennem, içinden geçilmesi gereken ateşten bir yol. Geçeni tümden değiştiren, ruhundan bedenine, hatta gülüşüne kadar değiştiren cinsinden. Kısacası, yerüstünde bir mezarlık burası, daha önce de söylediğim gibi. İnsanın kendisiyle, ruhuyla, aklıyla, dirayetiyle sınandığı bir yer. Ve buradaki en fena şey ne biliyor musunuz? Kimsesizlik... Burada ne çok hissediliyor bilemezsiniz. İnsana en ağır gelen bedeninin değil ruhunun hapsedilmek istenmesi.

Sözün özü, hiç belli olmuyor hayat. Şimdi, bunu söylediğimde, iyi niyetten uzak, zihni tuzaklar kurmaya meyyal birileri çıkıp biliyorum ki, aradan geçen onca zamana, binlerce güne rağmen, benim gözümdeki küçücük bir ifadeden, yaptığım en insani yanlışlardan tutup beni yine yerle yeksan etmeye çalışacaklar. İnsan bu en nihayetinde. Ve insan insanın kurdu. Ancak tekâmül etmek, kendi sırlarıyla karşılaşıp kendi tuzaklarında imtihanlardan geçmek yine insanın görevi.

Özetle, ben de insanım ve insana dair pek çok sınavdan geçtim. En geçemem, hatta hayalini bile kuramam dediklerimden üstelik. Hamdım, pişiyorum. Biliyorum ki, zehirli düşünceler ve sözler en çok sarf edeni yıkar aslında. Bilirim ki başkalarının mutsuzluğuyla mutlu olanlar aslında en yalnız ve işin kötü yanı en umutsuzlarımız, çünkü şefkati ve anlayışı unutmuş durumlardalar. Dilerim Yaradan onlara da en merhametli yüzüyle sevmenin, iyi düşünüp iyi olmanın en güzel halini nasip etsin. Dilerim kimse kendi canının yanışını bir başka yangını çıkartarak kapatmak istemesin. Ben şifayı böyle buldum, Allah onlara da en güzelini, en hayırlısını nasip etsin.

# Hak

*"Ben sana mecburum bilemezsin,*
*Adını mıh gibi aklımda tutuyorum,*
*Büyüdükçe büyüyor gözlerin,*
*Ben sana mecburum bilemezsin,*
*İçimi seninle ısıtıyorum"*
– Attilâ İlhan, *Ben Sana Mecburum*

Aşka, âşık olmaya inanmayanlar varmış, ne tuhaf diye düşünüyorum, penceresiz dört duvardan oluşan odamda. "Koğuş" demeye hâlâ alışamadım, alışmak istemiyorum, buradaki arkadaşlarımın yanında koğuş lafını kullansam da. Oda deyince sanki burası biraz daha oda gibi oluyor. En azından okurken, nadir de olsa şarkı söylerken ya da yazarken... Bugün yine kâğıda, kaleme sarıldım. Çünkü kâğıttan, kalemden başka kimsem yokmuş gibi hissediyorum kendimi, iyice kolu kanadı kırılmış gibi. İçimden hiçbir şey yapmak gelmiyor... Bugün sevdiğimin doğum günü... Aylardan mart ve Mart'ın 9'u...

Tam gece yarısında, saatler 00.00'ı gösteriyorken kalkıp namaz kıldım. Namazımı bitirsem de seccadenin üzerinden ayrılmadım. Naciye Anneme uzun uzun dualar ettim, Faruk gibi bir evladı doğurduğu için. Sonra da şükrettim, gözlerim nemli... Ağlamamak için zor tutarak kendimi, "Allahım şükürler olsun, onu bana gönderdin, üstelik iki kez. Birincisi gençliğimin uçarı baharında, ikincisi de topraksız bir mezarlıktayken. O burada bile umut oldu bana, yaşam sevinci oldu. En zor anımda elimi öyle bir tuttu ki, her zorluğun altından kalkabileceğimi hissettirdi. Şükürler olsun, mucizelerle gelen Yaradanıma..." Sonra tekrar dua ettim, seni bana hızlıca kavuştursun diye. Kara günler su gibi aksın gitsin, tez zamanda kavuşalım, bir kez daha el ele tutuşalım ve o eller bir daha ayrılmasın diye.

Seccademi topladım, geçtim küçücük masamın başına... Buradaki en büyük lüksünüz üzerinde sevdiğinizin resmi, ondan gelen küçücük ama değeri dünyalar kadar olan objelerin bulunduğu yer. Tabii ki bu değer sadece manevi. Hoş, özgürlüğü elinden alınmış, dört duvar arasına hapsedilmiş bir kadın için pırlantaların, yakutların bile bir önemi kalmaz zaten. Kalsa da böyle bir yerde o tür şeyler en fazla başınıza dert açar. Bu yüzden bırakın mücevheri, aksesuvar bile sokmak yasaktır cezaevlerine...

Benim buradaki en büyük mücevherlerim, Faruk'umun resimleri... Onlara bakıyorum uzun uzun. Bana en son yolladığı fotoğrafın önüne yaptığım küçük pastayı koyuyorum. Pasta dediysem bisküviler ve bir miktar kakao sosu, ama o kadar lezzetli ki Pelit bile kıskanır... Pastamın üzerine mum yapmaz mıyım? Onu da yaptım. Kulak çubuğunun bir ucundaki pamuğu çıkartıp pastanın üzerine saplayarak... Bir yönüyle komik bir yönüyle trajik, hatta çok trajik bir görüntü ama olsun. Sevdiğimin doğum gününü tek başıma da olsa kutlamalıyım, varsın pastası, mumu biraz tuhaf olsun. Yaktım küçük pastamın mumunu... En sevdiğin şarkıyı mırıldandım usulca. Tek başıma değilim ki bağıra çağıra söyleyeyim, burada işler böyle yürüyor; mutluluk da hüzün de aslında çoğunlukla tek başına ve sessizce yaşanıyor... Gözlerim buğulandı, çok kapatsam gözyaşlarım minik pastamızın üzerine düşecek. Bunu istemiyorum, hiçbir koşulda pastamız gözyaşıyla ıslanmamalı. Kendimi tutuyorum.

"Sevgilim sana hediye alamadım diye kızma bana, durumlar malum," diyorum gülümsemeye çalışarak. "Ama merak etme sana doğum günü hediyesi olarak bir şarkı yazdım. Merak etme, bu birbirimizden ayrı geçirdiğimiz son doğum günü olacak. Sen acıyı bal eyleyensin benim için. Nasıl ayrı kalırım ki senden.

Sevgilim, biliyor musun hayatımda belki de ilk kez bu kadar derinden çocuk sahibi olmak istiyorum. Bebeğimizi ilk gördüğün andaki yüzünü hayal ediyorum, ne güzel bakacaksın ona biliyorum. Biliyorum bana aşkla bakan gözlerin bebeğimize daha bile güzel bakacak. En az bana baktığın kadar güzel bakacaksın yavrumuza. Bunu tüm kalbimle biliyorum.

Artık yatma zamanı, çünkü biraz daha senle dertleşirsem yine gözyaşlarım sözümü dinlemeyecek, akmaya başlayacak ve biliyorum ki bu senin canını çok acıtır. Hem doğum günleri mutlu olmak için vardır. Hem bazıları doğar ve doğduklarından itibaren bir sürü hayata temas eder, temas ettikleri hayatlarda çiçekler açtırır, baharlar getirir bazıları. Sen onlardansın hayatım. O yüzden ağlamayacağım. Buradan bir çıkayım, mutluluktan hüngür hüngür ağlayacağım, sonra sadece bahar yağmurları ıslatacak yüzümü.

Sevgilim, bugün senin doğum günün. Doğum günün kutlu olsun biriciğim, hayatıma anlam katan adam, dipsiz kuyulardaki umudum, sevdiğim can yoldaşım, doğum günün kutlu olsun."

## *İyi ki Varsın Aşkım*

*Kolay değildi*
*Çok örselendik*
*Nasıl üzüldük ah*
*Nasıl savaş verdik*

*Sen hep sarıldın bana*
*Ve hep inandın*
*Kırıp dökmeye çalışanlara*
*İnat*

*İyi ki varsın aşkım*
*İyi ki yanımdasın*
*Ya sen olmasaydın*
*Ben ne yapardım söyle*

*Böyle zor zamanlarda*
*İnsan en zor anında*
*Başını göğsüne yaslayacak*
*Tutunacak bir dal arıyor*

## Burada çiçek bile yasak

*"Evren çiçek olsa, arı ben,*
*dost elinden tatlı bal bulamam."*
– Pir Sultan Abdal

İlk duyduğumda ne çok şaşırmıştım bilemezsiniz. Burada çiçek yetiştirmek yasak. Günlerce sürdü şaşkınlığım. Dört duvar arasına kapatılmış bir sürü kadındık ve hepimiz sevdiklerimizden, sevenlerimizden ayrıydık. Parfüm yasaktı, en basitinden bir kolyeydi, küpeydi yasaktı... Dört duvar arasında da olsa kadın kadındır en nihayetinde.

İyi kokmak, bir iki süs püs en azından küçük mutluluklar katabilir dört duvar arasında hapsedilmiş hayatlara... Hadi hepsini anladım da çiçek gibi masum, çiçek gibi zararsız bir şey niye yasak anlayamadım günlerce. İlk kitabımı okuyanlar zaten bilir, ilkokul çocukları gibi tohum toplayıp, çiçek yetiştirme hayallerimizi ve o hayallerin nasıl küle dönüştüğünü... Bin tane nedeni varmış burada çiçek yetiştiremeyişimizin; zehirli bitkilerle kendine ya da başkalarına kötü bir şey yapabilme ihtimalinden, bitkilerin arasında yasaklı madde vs. yetiştirme çabalarına kadar... Zaten burası, benim anlayamadığım ve kural koyucuların sonuna kadar haklı olduğuna inandığı bir sürü yasağın yetiştiği toprak.

Havalandırma denen beton kaplı zeminde yüzümü güneşe dönmüş, baharın güzel günler getirmesi, toprağı ısıtan güneşin birden bir iftira ile kararan hayatımı aydınlattığını düşlerken, Nâzım Hikmet'in "Bir Cezaevinde Tecritteki Adamın Mektupları" isimli şiirine denk geldim. İlk kez havalandırmaya çıktığında gökyüzünün maviliğine nasıl ilk defa görüyormuşçasına baktığını, gökyüzünün o kadar mavi, o kadar geniş olduğuna şaşırarak kımıldamadan duruşunu ve saygıyla toprağa nasıl oturup toprağı ve güneşi hissederkenki yaşadığı mutluluğu... Bunu sanırım "içerde" olmayı bilen biri kadar kimse anlayamaz. Halbuki küçücük yoğurt kaplarına ekilen çiçekler bir sürü kadını ve beni çocuklar gibi mutlu edebilirdi. Ama izin yok işte. Halbuki ne çok severim ben çiçekleri... Nasıl mutlu eder beni güller, papatyalar, kasımpatılar...

Çiçeklerin kimi sarsıcı bir aşk gibi kokar, mesela kırmızı güller; kimi çocuk masumiyetini taşır, bakan en taş kalbi bile yumuşatır, kır çiçekleri gibi; kimi de kırılgandır, toprağında çok güzeldir ama dokunduğunuz, onu toprağından kopardığınız an solar ve ölmeye başlar; birkaç dakika içinde parmaklarınızın arasından kayıp gider gelinciklerin kan kırmızısı taç yaprakları...

Gelincikler... Bazen kendimi bir gelincik gibi hissetmiyor değilim. Toprağımdan kopartıldım ve toprağımdan kopartıldığım andan itibaren, gözle görülmeyecek kadar yavaş ama içten içe hızla ölüyor gibi hissediyorum zaman zaman. Umut ve sevenlerimin dikenli telleri, taş duvarları, demir kapıları açan sevgisi beni yaşama bağlıyor. Öyle seviyorum ki onları ve onlar tarafından öyle çok seviliyorum ki ölmem imkânsız.

Toprağı olmayan bir çiçeği bile sevgi ayakta tutabilir. Hem Fantom ormanda, bense her yerde on kaplan gücündeyim. Bu yüzden, benimle ilgili haberleri, gitmek istediğim yerleri, beğendiğim giysileri, mekân önerilerini falan kesip yapıştırdığım defterimin başına kader arkadaşlarım Fantom Deniz'e yazmışlar, kenarlarını da burada yetiştiremediğimiz çiçekleri çizmişler. Ne güzeller...

***Yeni Ben***

*Artık eskisi gibi değilim*
*Ben yeni beni, ben bile yeni bilirim*
*Bir zamanlar ne kadar hoyrattım*
*Kendime*
*Bir zamanlar ne kadar kördüm, sağırdım*
*Dengime*

*Su akar yolunu bulur, bulur*
*gün gelir bugünler de unutulur*
*Aşk o her zaman olur*
*O olmazsa zaten hayat son bulur*

## *Bugün bir mucize gerçekleşti*

*"İnsanı biz yarattık. Onun için nefsinin*
*kendisine neler fısıldadığını,*
*neler telkin ettiğini de Biz pek iyi biliriz.*
*Çünkü Biz ona şah damarından daha yakınız."*
– Kaf Suresi, 16

Şu çiçek meselesine ne çok taktım ben. Çıkınca her tarafı çiçek bahçesine çevireceğim. Her tarafta güller, gardenyalar ama en çok da papatyalar olacak. Masum, kalender, güzel papatyalar... Bütün bunları düşünüp umut ve sevgiyle içimi ısıtmaya çalışırken Allah'ın beni ne çok sevdiğini, ne özenle sakındığını, başıma gelen talihsizliklerin hepsini beni güçlendirmek için gönderdiğini bir kez daha anladım. Bir insan eğer isterse en ümitsiz anlarını umuda çevirebilir. Ve her şeyi gören ve bilen, bana şah damarımdan yakın Yaradan ümitsizliğin içindeki ümidi görenlere her zaman hediyelerini verir. Ben bugün bunu bir kez daha anladım, şükürler olsun. Nasıl mı anladım?

Özgür (Aras) çok başarılı bir organizasyon daha yapmış. Plakçım Bülent Seyhan'ı, Radyocu Gezegen Mehmet'i kapıp gelmiş. Mini bir konser organize etmiş burada benim için... Uzun zaman sonra ilk kez elime mikrofon aldım bu organizasyon sayesinde. Ne tuhaf, ne acayip, mikrofonu tutarken ellerim titredi, sanki ilk kez elime mikrofon alıyormuşum gibi. Oysaki mikrofon benim elim kolum gibiydi. Çıktım şarkılarımı söyledim, nasıl geçti o dakikalar anlatsam inanmazsınız... Alkış kıyamet, ilk kez alkış duyuyor gibiyim. Mutluluk ve hüzün birbirine karıştı. Ağlamaklı oldum. Ağlasam, gözlerimden yaşlar dökülse, bir gözümden akan mutluluk olurken diğerinden akan hüzün olacaktı sanki. Hızla toparlandım.

İşin mucizevi kısmıysa; Özgür sadece bana dostlarımı, arkadaşlarımı, çok özlediğim mikrofonla şarkı söyleme hissini getirmemiş, Linet'in, sevgili arkadaşımın elleriyle topladığı kocaman bir demet papatyayı da getirmiş olması... Cezaevinin koskoca gri yasaklarını kırıp, özel izinle içeri girmeyi başaran bu papatyalar çiçeğe olan özlemimizi ne de güzel gideriverdi. Emin olun, egzotik orkidelerle dolu kocaman bir bahçe bana hediye edilse bu kadar sevinemezdim.

Kocaman kalpli, muhteşem sesli kadın, papatyalarda da cömert davranmış. Koğuştaki arkadaşlarımın tamamına yetecek, hatta artacak kadar papatya göndermiş bana... Onun sevgiyle topladığı papatyaları, üzerlerine kendi sevgimi de katarak dağıttım mahkûm arkadaşlarıma. Tabii ki bir kısmını da kendime ayırdım. Onları özenle vazoma koydum. Vazo dediğime bakmayın. Burası hüzünlü olsa da sihirli de bir yer. Bir şey, burada pek çok başka şeye dönüşebiliyor. Mesela bir buçuk litrelik plastik bir su şişesi, çiçek bulduğu an değerli bir vazoya dönüşebiliyor. Dünyanın en güzel vazosuna üstelik. Çünkü sevgilimin resminin önüne konuyor o vazo. Bir anda dünya değişiyor, güzelleşiyor.

Dostun sevgisini taşıyan bir buket papatya, sevdiğim adamın gülümseyen yüzü cezaevini bile bir dakikalığına dünyanın en güzel yerine dönüştürüyor. Tanrı'nın mucizelerinden birine daha tanıklık ediyorum bugün. Gülümsüyorum. Sesimi duyduğu, beni hiçbir zaman yalnız bırakmadığı için... Ümitsizliği değil umudu sevdiğini gösterdiği ve beni bütün yaşadığım güçlüklere dayanacak kadar güçlü kıldığı için Allah'a şükrediyorum. Bin kere şükürler olsun.

# İlham perim firari

*"Gerçekte yapmayı istediğiniz şeyi yapmaya çalışmaktan vazgeçmeyin. Aşkın ve ilhamın olduğu yerde yanlış yoldan sapmazsınız."*

– Ella Fitzgerald

"Sana her zaman saygılı mı davranıyor? Bu ilk soru. İkinci soru, yirmi sene sonra da aynı kişi olsa, yine onunla evlenir misin? Ve son olarak daha iyi bir insan olman için sana ilham veriyor mu? Bu üç soruya da evet cevabını veren birini bulursan, iyi bir adam bulmuşsun," demektir diye yazmış Colleen Hoover isimli bir yazar. Bunu okumak beni nasıl mutlu ediyor anlatamam.

Bana her zaman saygılı davranan ve beni deli gibi seven bir adam var. İkinci sorunun cevabı daha da güzel; tanışmamızın, aşkın ilk göz kırpışının üzerinden yirmi yıl geçti ve ben dört duvar arasına hapsedilmiş, hakkımda en kötü sözler söylenmiş, ilk fırsatta beni boğmak isteyen insanların kötü sözleriyle darmadağın olmuşken bile sevgisi bana ulaşıyor. Üçüncü sorunun cevabı daha da güzel, sadece beni daha iyi bir insan yapmakla kalmıyor aynı zamanda muhteşem, daha önce hiç yazmadığım kadar güzel şarkılar için bana ilham oluyor. Onun için yazdığım şarkılarım biliyorum ki daha öncekilerden çok daha fazla insana ulaşacak. Bir sürü ama bir sürü insan, ilk kez aşkını itiraf ederken sevdiğine, benim sevdiğim adam için yazdığım sözleri fısıldayacak.

Kaç çift kim bilir sevdiğime yazdığım şarkıları, "Bu bizim şarkımız olsun" diyerek benimseyecek. Sevgilimin bana verdiği ilham, binlerce, on binlerce aşka da geçecek, yüz binlerce kişi tarafından sevilecek, söylenecek.

Ne kutlu bir duygu aşk. Ve ne doğru söylemiş Coleen Hoover. Kaç kişi o üç soruya benim kadar içtenlikle, "evet, evet, eveeeet" diye cevap verebilir ki. Keşke bizi görebilseydi o yazar. Yazdıklarına bir kez daha inanır, söylediklerini katbekat doğrulayan bizi çok severdi sanıyorum. Fakat bugün o tuhaf günlerden. Hani bazen oluyor ya, içinizden bir şeyler yapmanın gelmediği günler. İşte bugün onlardan biri...

Biraz kendi kendime kalabilmek için kütüphaneye çekildim. Tuhaf bir kafa dağınıklığı yaşıyorum. Öyle çok keyifsiz falan da değilim ama işte kafam dağınık, biraz iştahsız, biraz hatta birazdan da fazla halsizim bugün. Üstelik bugün güzel haberler de geldi. İlk kitabım, *Deniz'in Dibi* çok iyi satıyormuş, okuyanlardan yayınevine, eşime dostuma çok güzel geri dönüşler oluyormuş. Böyle emek verdiğin bir şeyin karşılığını bulması çok özel bir duygu.

Sadece şarkılarımla değil, düzyazıyla da insanların yüreklerine dokunabiliyormuşum meğer. Az insana nasip olacak kadar güzel pek çok yeteneğim ve imkânım oldu bu hayatta şükürler olsun. Ama keyifsizim, belki de yeniden yazmak fikri geriyor beni. Şarkı söylemek de yazmak da bana bir kuşun uçması kadar doğal gelirken, düzyazıda kendimi henüz acemi hissediyorum. Bir kez daha yazmak, en az bir önceki kitaptaki kadar kalplere dokunmak istiyorum ama yapabilir miyim diye biraz endişeleniyor muyum ne? Belki o sebeple, belki de ya o kadar iyi olmazsa diye geriliyorum.

İnsan bazen kuruntulara kapılabilir, burası nedensiz kuruntuların en hızla filizlendiği yer. Biraz yazı yazmak ve gitar çalışmak niyetindeyim. Şarkı olur, düzyazı olur, ne olursa yazmalıyım. Yazmam gerekiyormuş gibi hissediyorum. Ama yazacak neredeyse hiçbir şey bulamıyorum.

Düşüncelerin her biri rüzgârda savrulan ve temas ettiğinde dağılıp yok olan kar taneleri gibi. Sözcüklerse sanki sessizce aralarında anlaşmış, sözleşip uçup gitmişler benden uzakta bir yerlere. Neyse... Nasıl gittilerse, sözleşip tekrar gelirler bir araya ve anlaşıp geri dönerler nasıl olsa... Gelirler mi acaba? Gelirler, gelirleeerrr. Hem belki de bana harika bir şarkı yazdırmak için gitmişlerdir topluca... Aralarından en güzellerini seçip, mısralar, satırlar olarak geri dönmek üzere gittiler kesin... Onun için aralarında anlaşmaya çalışıyor olmalılar.

Kitabımın devamı için mi, yeni bir albümde nefis bir şarkı olmak için mi gelirler, artık işin o kısmı kelimelere kalmış. Her halde, her durumda kabulüm; başımın üzerinde yeri var kelimelerin. Yeter ki yaratıcılığıma ilham olup geri gelsinler. Sonuçta ben bir sanatçıyım, kelimelerin her birini birer ilham perisi konduruverir parmaklarımın ucuna. Harfler kelimelere dönüşür, onlar bir araya gelir şarkı sözü olur bende. Sesler notalara... Böyle düşününce içim ısınıyor, kalbim ferahlıyor. Üzerime üzerime gelen duvarlar açılıyor, her yer daha ferah, her nefes daha anlamlı oluyor...

Aralarında sözleşip kaybolmuş kelimelerimi, zaman zaman saklambaç oynayan yaramaz bir kız çocuğuna dönüşen ilham perimi çok seviyorum, tabii ki kendimi de... Ben olmasam, şu kocaman dünyada daha az harf şarkı sözlerine, satırlara; daha az ses notalara dönüşecekti. Ben olmasam, insanlar Deniz Seki şarkılarını hiç duymamış, benim şarkılarımla âşık olmamış, aşk acılarını benim şarkılarımı dinleyerek dindirmemiş olacaktı. Ve buz gibi duvarları, demir kapıları, dikenli telleri olan bir hapishaneye sıkıştırılmış yüzlerce kadın, belki de hayatlarında beni başka türlü asla canlı dinleme şansına sahip olmayan kadınlar, şarkılarımla kendilerini biraz daha özgür, biraz daha mutlu hissetmeyecekti. Hapishanenin duvarları birkaç saat daha az aydınlanacaktı ben olmasaydım. Kendimi ve bana verilen yetenekleri sevmemi sağlayan, her halükârda yaşama tutunmamı sağlayan Yaradan'a binlerce kez şükürler olsun.

Yakında bu çıplak ampullerle ışıklı tutulan ama asla gerçek anlamda aydınlanmayan bu mekândan, yerüstündeki kabristandan çıkacağım. Buradan çıktığımda, burada geçirilen günlerin sağladığı farkındalıklarla, aldığım her nefesin kıymetini daha iyi anlayacağım. Her çiçek çok daha güzel kokacak, çünkü ben burada küçücük bir çiçeğin gelişiyle bile Yaradan'ın beni duyduğunu, isteklerime hiç sırt çevirmediğini fark ettim.

Ben burada umutsuzluk diye bir şey olmadığını, insanların en imkânsız görünen durumlarda dahi yaşama sevinçlerini koruyabildiğini, zor koşulları bırak, dışarıdan en ufak esintiyle bile dağılabileceği sanılan en naif, en kırılgan kadınların bile aslında ne kadar güçlü varlıklar olduğunu keşfettim.

# Bir, iki, üç. Tıp... Sustum.

*"Bir hüzün kaç kişinin hüznü olurdu*
*Çıkarsak toplamak yerine*
*Her hüzün başka türlü olurdu*
*Ne yaparsan yap saati kurma*
*Öyle dağıldık ki hepimiz*
*Her günün geçmesi bir gerçek oluyor*
*Seninle her uzaklık gibi böyle."*
– Edip Cansever, *Uzak Yakınlık*

Bugün diğer günlerden farklı, biraz daha tuhaf bir gün. Sanki yalnız, kimsesiz bir gün. Biraz boynu bükük, biraz ağlamalı, isyan etmek isteyip de edemeyen, çığlığı boğaza düğümlenen bir gün... Emel isimli bir arkadaşımın nikâhı kıyıldı bugün. Ve tabii ki pek çok şeyi yapamadığımız, bir sürü güzellikten mahrum edildiğimiz gibi bu güzelliğe de tanıklık edemedik.

Mahkûmluğun mahrumluk olduğu bugün yüzüme çok fena çarptı. Çok afallattı. Mahkûmluğun en acıklı yanı da bu. Burada olumlu her şey yasak, ama en çok ihtiyacımız olan şey de her şeye rağmen olumlu olmak. YASAK! Oysaki biz olumlu olmazsak... Ama her güzel şey, her umut verici şey YASAK... Başkalarının mutluluğunu görüp bundan mutlu olmak bile yasak. Çok sıkıcı, sıkıntı kalbimin üzerinde toplanıp boğazıma hücum ediyor; çok kırıcı, kalbim sanki gerçekten küçük küçük çatlıyor ve o çatlaklardan ince ince kan sızıyor gibi... Bazen durduramıyorum, durmuyor...

*İnsanın kalbi kanarken, yazmak da gelmiyor içinden.*
*Yazarsam sanki defterime de hüzün akacak.*
*Duruyorum, durdum...*
*1, 2, 3... TIP... Sustum.*

# Cehennem'in Cenneti

*"Dünyanın en uzun hüznü yağıyor,*
*Yorgun ve yenilmiş insanlığımızın üstüne.*
*Kar yağıyor ve sen gidiyorsun,*
*Ağlar gibi yürüyerek gidiyorsun,*
*Belki bulmaya gidiyorsun kaybettiğimiz*
*O insan ve tabiat çağını.*

*Dön bana ve dinle!*
*Kuşlar uçuşuyor içimde.*

*Loş bir keman solosu gibi*
*Kuşların uçuştuğunu içimde,*
*Dön bana ve dinle."*

– Erdem Beyazıt, *Kar Altında Hüzün Denemesi*

Aylardan Nisan. Doğada bayram. İçimde boran...

Söyleyecek laf bulamıyorum. Böyle durumlarda yazmak kâğıda kaleme haksızlık etmek gibi, ayıp. Yazmak istemiyorum.

Hakkı geçmesin ne kâğıdın ne kalemin, kimseye, hiçbir şeye haksızlık etmek istemiyorum.

*Ortalık böyle karıştıkça,*
*Yangın olup yanıyorum,*
*Ne gelirse elden,*
*Söyleyin gelsin.*
*Söndürsün bu ateşi,*
*Harlasın,*
*Demlensin,*
*Sönsün...*
*Diyorum.*

## Kadınlar en çok kendine hoyrat

*"Aşk en çok erkeğe yakışır,*

*kadın zaten aşktır."*

– Can Dündar

Ben bir kadınım, üstelik aşka âşık, kendine hoyrat bir kadınım, kırılsam da, dökülsem de, parçalarım hiç toplamayacağımı sandığım kadar dağılsa da sevdiğimin kirpiği yere düşsün istemem. Aşkın her halini bilirim ve severim sanırdım, halbuki çok yanılmışım. İnsanları tanıyorum, kadınları daha çok sanırdım, yanılmışım. Olsun, insan yanılgılarını fark ettiğinde büyür...

Zaman zaman bazı kadınları hiç mi hiç anlamadığımı fark ediyorum. Bu beni çok şaşırtıyor... Kendi kıymetini bilmeyen kadınları anlamıyorum en çok da. Kendi kıymetini bilmezken, kendine saklayacağı kıymeti karşısındakine veren, veren, veren ve neredeyse kendine hiç şefkat göstermeyen kadınlar var. Oysaki kendini sevmeyen, karşısındakine nasıl kıymet verebilir ki? Kendini hiç sevmeyen, sevdiğine koskoca bir hiç hediye etmez mi ki? Kaldı ki kendini sevmeyen bir başkasını nasıl sevebilir? Bütün bunlar bana oldukça anlaşılmaz, oldukça imkânsız gibi geliyor.

Üzülüyorum, kendisini sevmeyen kadınlara ve tabii ki yanlarındaki adamlara. İnsan kendisinin kıymetini bilmeli bence, bunu gün geçtikçe daha iyi anlıyorum. Geriye dönüp baktığımda, benim de kendime hoyrat, kendime düşman zamanlarım olduğunu hatırlıyorum.

Bir kız tanıyorum. Adı Işıl, ailesi tertemiz, kalbi temiz, niyeti iyi, adı gibi pırıl pırıl, ışıl ışıl bir kız. Niyeti iyi, akıbeti; ı-ıh... Bu pırıl pırıl, pür-i pak kız, hayatta hep ortada. Hep vasat, ne kendinin ne başkalarının biriciği. Oysaki bir insan, hiç kimsenin olmasa da kendisinin kıymetlisi, biriciği olmalı. Bunu becerebilirsen ardı gelir.

Sevmekle başlar her şey diyor ya şairler, yazarlar. Haklılar. Ama önce kendini sevmesi gerek insanın, kendine özen, şefkat göstermesi, kendisini bir oya gibi işlemesi gerek insanın. Özellikle de kadınların. Bu işin genci yaşlısı, zengini fakiri yok. Kendini oya gibi işlemek isteyen kadının önünde engel yok. Para pul işi, mektep işi bile değil bu. Güzel olmak, dergilerden fırlamış gibi görünmek değil. Bedeniyle para kazanmıyorsa, yani model, fotomodel, şarkıcı, ekran yüzü değilse, ekranlardaki figürlerin bire bir aynı ölçülerine sahip olması gerekmez ki insanın. Hem her kadının ne buna ayıracak bütçesi ne de zamanı var. O birçok kadının hayranlıkla izlediği güzeller, koskoca dünyaya baktığınızda sayıca o kadar azlar ki. Üstelik onların arasında kendini seven, kendini güzel gören, kendiyle barışık ve kendine kaldığı anlarda gerçekten mutlusu o kadar az ki. Şov dünyasından biri olarak bunu en iyi bilenlerdenim galiba. Bir kadın önce kendini sevmeli demiştim. Kilosuyla, boyuyla, her haliyle. Kendisini sevsin ki kendini güzelleştirsin, kendini güzelleştirsin ki dünya da güzelleşsin. Burada bahsettiğim güzellik, sadece boyla posla, kiloyla ilgili bir şey değil. Fiziksel görünüş bu işin sadece bir parçası.

Kendini seven, kimse göstermiyorsa bile kendisine şefkat gösteren kadın iyileşir. Her derdin devası aslında bir kadının yüreğine sığabilir. Kadınların en çok yürekleri büyüktür. Mini minnacık kadınlar yüreklerinde koskoca bir evreni saklayabilirler. Yeter ki, kendilerini sevsinler. Kendini seven kadın, kendisine yatırım yapar, bedenini ağır yiyeceklerle yormaz, hantallaştırmaz. Saçını süpürge de etmez kimselere. Sevdikleri için ellerinden geleni yaparken, onlara güzel ve mutlu görünmek için saçlarını da özenle yıkar ve tararlar. Mutlu bir banyodan sonra her saç güzeldir, hele ki o saçların altındaki gözler ışıl ışılsa... Kendini severse bir kadın gözleri de ışıldar, gözyaşları çokça akmış olsa bile.

Hüznün altında sevinci taşır her kadın. Azıcık izin verse bir kadın, en hüzünlü anını bile mutluluğa ve üretkenliğe dönüştürebilir. Ben şarkı yapar mutluluk dağıtırım, çünkü şarkı yapmak beni mutlu eder. Benim doğal yeteneğim bu. Her kadının bir doğal yeteneği mutlaka vardır, çünkü kadın Yaratıcı'ya en yakın varlıktır aslında. Yaradan, çocuk yapma yeteneğini kadına bahşetmiştir. Üstelik illa da çocuk sahibi olması gerekmez bir kadının. Bir kadın annelik yeteneğini her yerde ve her koşulda gösterebilir. Öğrencilerine içten bir gülümsemeyle, şefkatle yaklaşan bir öğretmen, kim bilir kaç çocuğun hayatını değiştirir, güzelleştirir. Yüzlerce çocuğun hayatına anlam katmayı, kim çocuk sahibi olmaktan daha küçük görebilir ki. Sadece öğretmenlik değil, yapabileceği en iyi şeyi keşfeden ve bunu severek yapan her kadın önce kendi mutlu olur. Zaten yapabileceği en iyi şeyi keşfetmek isteyen insan da kendisini seven insan değil midir?

İşini aşkla yapan insan güzelleşir, gözleri ışıldar, bu ışık evine, yaşam alanına, ona temas eden her şeye yansır, bulaşır. Üzüntü bulaşıcıdır derler, ya mutluluk? Şefkat? Anlayış? Bunlar bulaşmaz mı? Öyle bir bulaşır ki... Güzel olmak fiziksel olarak güzelliğin çok ötesinde bir yerdedir. Zaten dünyayı değiştiren, adı yıllarca anılan pek çok kadın, gerek sahne, gerek bilim alanında olsun öyle klişe ölçülerin güzelleri değildir. Gerçek güzelliğin sihrini yansıtır o kadınlar. Kendini sevmenin ve özgüvenin sihrini. Bu yüzden unutulmaz olurlar. İlla bütün dünya gözünde unutulmaz olmak da gerekmez bence. Koskoca bir ailenin kaderini değiştirebilir kendini seven, kendine ve çevresine özen gösteren bir kadın. Kendisinden sonra gelenleri bile... Kadının sihri buradadır.

Bunları niye yazdım, niye anlattım bu kadar, şaşıracaksınız. Sadece bir gazete kupürünün başının altından çıktı bunca satır. Eğer insanın dünyayla bağı, kısıtlı görüş günleri ve kısıtlı saatlerde seyredilen televizyon ve belli sayıda gazeteden ibaretse pekâlâ bir kupür insana sayfalarca yazı yazdırabilir. Gazete kupürüne dönecek olursak, bir magazin haberi bu kadar siteme neden: Büyük bir işadamı ve yeni sevgilisi... O ve nikâhlı eşi, o ve ortanca eşi, o ve son eşi ve sevgilisi. Silsile böyle devam ediyor. Adam adeta Ağa, yetmedi paşa, hatta padişah. Kadınlar sadece ilk, ortanca, sonuncu şeklinde kazınıyorlar insanların kafasına. Oysaki onlar birer birey, birer kadın. Her biri sadece bir tane, her biri kendine özel, her biri biricik şu koskoca dünyanın ortasında. Benim gibi, senin gibi, onun gibi. Sadece tek sorun...

## *Açılın siyasi parti kuruyoruz*

*"Güçlü kadın hikâyesi hep yalandı.*
*Hiçbir kız çocuğu güçlü kadın olmak için doğmaz.*
*Hepsi masum hayaller kuran, şımarık birer*
*prensese benzerler. Kaderdir onları cadı, fettan*
*ya da güçlü kadın yapan. Tutulmamış sözler,*
*yarım kalmış kaderler, yaşanmamış mutluluklar,*
*ölümler, ayrılıklar güç verirmiş insana."*
– Rana Şahnaz, *Bir Yalnızlık Tangosu*

"İnsanlar mutluyken zaman hızlı, mutsuzken yavaş geçer," diyenler ne kadar haklıymış. Yazdıklarıma bakınca, o kadar zamanı bu defterlere nasıl sığdırmışım diyorum, ama aslında dünyanın bütün defterleri bile insanın sevdiklerinden uzakta olduğu bu yerde zamanın nasıl da yavaş aktığını anlatmaya yetmezmiş gibi geliyor.

Aylardan mayıs oldu bile. Burada en bol şey zaman. Ne yaparsan yap, o koskocaman ve kaplumbağaların bile yanında hız rekortmeni kalacağı zamanı biz türlü fikirle doldurabiliyoruz. İşimiz bu. Vakit geçsin; sevdiklerimizle, özlediklerimizle kavuşalım diye beklerken çeşit çeşit fikirler geliyor aklımıza. Çoğu hüzünlü, bir kısmı umutlu, bir kısmı hınzır.

Her kadın içinde bir kız çocuğu saklar sözünü de boşuna söylememişler, bazen parmaklıkları unutup hınzır muzır kız çocuklarına dönüşüyoruz. Bugün cezaevinin üst koridorunda oluşturduğumuz çekirdek ve kahve mekânında, S., N., E, D., M ve ben bir masanın etrafına oturmuş sohbet ediyoruz. Malum, ben şu ara insanlara kafayı takmış durumdayım. İnsan kendini irdelerken, kendi zayıflıklarını ve güçlü yönlerini fark edip, kendini yeniden tanırken, dış dünyayı da bir başka gözlemliyor.

Ben en çok kadınları gözlemliyorum, sonra da memleketteki hızla artan sevgisizliği, ötekileştirmeyi ve ortak bir duygu durumdan uzaklaşmayı. Bu benim yüreğimi burkuyor. Kendimce çareler üretmeyi deniyorum. Masa etrafına oturmuş, ilkokul çocukları gibi çekirdek çitlerken de bu konudaki fikirlerimi arkadaşlarımla paylaşıyorum.

Ülkeye ne zaman özgürlük, barış, güven ve huzur gelecek? Ne zaman ülkemin insanları emeğini bol ve bereketli bir üretime dönüştürecek? Ne zaman bu bolluğu bereketi adil biçimde paylaşacak? Ne zaman her hane refahtan ve mutluluktan hakkıyla kendine düşeni alacak diye?

Evet, kadın siyasetçiler var. Tek tük de olsa var, ama azlar. O halde niçin dünyanın en üretken, en şefkatli, en sevgi dolu varlıkları olan kadınlar el ele verip kadın ağırlıklı bir parti kurmasınlar ki diyoruz. Fikir o an aklımıza da yatıyor. Gülümsetiyor bizi en azından.

Birkaç dakika da olsa o anın hayali kendimizi iyi ve güçlü hissettiriyor. Geçiştiriyoruz sonra, çekirdek çitlemeye, Türk kahvelerini hüpletmeye devam ediyoruz. Bunlar buradaki en büyük keyif kaynaklarımız ne de olsa ve keyif ihmale gelemez. Ama kim bilir belki günün birinde bu hayalimiz gerçek olur. Belki biz, belki içimizden biri, belki de hiç tanımadığımız başka kadınlar bu fikri hayata geçirir ve siyasetin gri, takım elbiseli yüzü kadınlarla güzelleşir. Malum, kadınlar ellerini dokundurdukları her yeri temizler, şifalandırır, neşelendirir. Ülkeye de hakkıyla belki günün birinde "kadın eli değer", bir bakın bakalım o zaman her şey ne güzel oluyor?

## Cana can olmak da yasak

Bugün diş polikliniğine gittim. Çok şükür, öyle ahım şahım bir şeyim yok. Ancak kanserli bir hükümlü arkadaş için çok acele 0 RH pozitif kana ihtiyaç olduğunu öğrendim. Malum, çok zor bulunan bir kan grubu bu. Ha deyince bulunacak cinsten değil. Benimki de 0 RH pozitif. Durumun aciliyetinin, hastalığın ağırlığının da farkındayım. Hemen, "Ben kan verebilirim," dedim. Konuyu ilettiğim görevlinin cevabı beni şoke etti: "Mahkûma kan vermek yasak!"

Bu nasıl bir şey? Anlamak mümkün mü? Mahkûmsan, cana can da olamazsın; dibinde biri canına can katmak, zor anında canına can olmak istese o da yasak.

Her yasağa alışıyor burada insan. Burası, sadece özgürlüğünden, sevdiklerinden uzakta, dünya nimetlerinden uzakta tutulduğun bir yer değilmiş anladığım kadarıyla. Her şeyden uzak tutulduğun, ölsen de, ölüme çare bulmak istesen de elinin kolunun bağlı tutulduğu bir yer.

Adeta yokmuşsun gibi... Bir zamanlar varmışsın, sonra birdenbire bir şey olmuş, "puf" demişler, tozmuşsun gibi yok olmuşsun. Varken bile yoksun burada. Duyularının keskinleştiği, hislerinin hiç olmadığı kadar yükseldiği ama bedeninin varlığının inkâr edildiği bir yer; hayaletmişsin gibi. Sen bütün dünyayı tüm varlığıyla, belki de daha önce hiç olmadığı kadar derinlerinde hissederken, görünmez kılınmışsın, yok sayılmışsın gibi. Bir tek seni gerçekten sevenlerin kalbinde bir sızıymışsın gibi.

Görüş günleri bir rüyaymış, birkaç saat seninle o rüyada buluşuyor, konuşuyor ama dokunamıyorlar. Sonra o rüya bitiyor, tekrar yokluğa, hiçliğe terk ediliyorsun. Oysaki varsın ve mahrum edildiğin o dünyanın tüm nimetlerini, daha önce belki de hiç farkına varmadığın büyüklü küçüklü bütün mucizelerini hissediyorsun o dünyanın, ama o dünyadan izolesin. Sanırım bu da hapsedilmiş olmanın fiziki değil, psikolojik cezası.

Hapishane kesinlikle sadece bedene değil, ruha da verilen en ağır ceza. Ödenen en ağır bedel. Oysaki ben kanıma ihtiyacı olan o mahkûma kan vererek, hem kendime hem ona büyük bir iyilik yapmış olacaktım, birine can katarak kendim de can bulacaktım... Olmadı, buna bile izin vermediler.

## Bir umut... Oysa bir umuttu yaşamak

*"Ana rahmi zahir şu bizim koğuş;*
*Karanlığın nur, yeniden doğuş...*
*Sesler duymaktayım: Davran ve boğuş!*
*Sen bir devsin yükü ağırdır devin!*
*Kalk ayağa dimdik doğrul ve sevin!"*

– Necip Fazıl Kısakürek, *Zindandan Mehmete Mektup*

*Denizyıldızları kopan bir uzvunu*
*Kendi kendine yeniden oluşturur ve yaşamaya devam eder.*
*Doğa işini şansa bırakmıyor.*
*Eğer hâlâ hayattaysan;*
*Toparlan ve yoluna devam et...*
*Kendi yaramızı sarmayı öğrenebildiğimizde*
*Daha sıkı tutunacağız...*

Kütüphanedeyim. Klima arızalıydı, çok şükür yapılmış. En azından artık bir penceresi bile olmayan bu yerde nefes almamızı ve cezaevinin duvarlarını aşıp, içeri girmeyi başaran (zaten bunu tek başaran o) korkunç sıcaktan bir nebze olsun kurtuldum ve nefes alma imkânına kavuştum.

Nefes dedim değil mi? Bakmayın siz nefes dediğime, nefes değil işte, hava alıp verme diyelim. Burada nefes almak da, o bildiğiniz nefes almalardan değil. Ama buna da şükür deyip geçelim. Klima bozukken o havayı da alamıyordum doğru düzgün. Oksijensiz kalmak, insanı moral olarak da fiziken de son derece olumsuz etkiliyor. İnanılmaz derecede hızlı yoruluyordum, en ufak şey yapmasam bile, elimi kolumu kaldıracak halim kalmamıştı. Bu sayede oksijenin bile kıymetini anlamış bulunuyorum. O emektar klima sayesinde kitaplara, kalemime, kâğıdıma geri dönme fırsatını da bulmuş oldum.

Bu hafta, tüm tutuklu ve hükümlü kardeşlerim, Adalet Bakanlığı'ndan gelecek o sihirli haberi bekliyoruz. Cezaevleri tıka basa dolu, binaların kapasitesinin çok üzerinde insan var burada. Diğer cezaevlerinde de durum aynıymış. Bu nedenle hepimizde bir umut oluştu.

Ya denetimli serbestlik ya da ceza indirimi bekleniyor. Konuyla ilgili hükümetin bir kanun hükmünde kararname üzerinde çalıştığı söyleniyor. Bir tarafım inanıyor, bir tarafım, "Dur, boş yere umuda kapılma Deniz. Sonra çok üzülürsün," diyor.* Ama cezaevlerinin biraz olsun rahatlaması için bir formül şart oldu.

Bu fikri aklım da destekliyor, yani sadece bir an önce dışarıda olma umuduyla kendimi kandırıyor sayılmam. İnsanların perişanlığını anlatacak en iyi şey, sanırım buranın doluluktan ne halde olduğunu biraz olsun anlatmak... Koğuşlar öylesine tıka basa dolu ki adım atılacak yer kalmayınca, insanlar önce yerlerde, ardından da koridorlarda yatmaya başladı. Dört duvar arasında daha önce nefes almanın güçlüğünden bahsetmiştim ya, o psikolojik bir tarifti. Yani içerde olmanın yarattığı bir duygu durum sonucu yazmıştım böyle. Şimdi ciddi ciddi içerdeki insan sayısının artışıyla oksijen

---

* Fakat ne yazık ki suç ayrımı yapıldı ve bana bu yasa vurmadı. Eşitlik ilkelerine aykırıydı bu sonuç. Benim o anki anlık heyecanım da yine her zamanki gibi hayal kırıklığına dönüşmüştü. Üzülmedim, üzülecek yerim kalmadı ki.

azaldı. Birbirimizin nefesini soluyup duruyoruz. Bu hal ne herhangi bir ülke için kabul edilebilir ne de anlaşılır.

İnsan hakları, sadece dışarıdaki insanlar için değil, içerdekiler için de geçerli. Bu duruma ilişkin bir düzenleme bugün yapılmıyorsa bile er geç yapılacaktır. Çünkü bu kapasite üzerine çıkış hali pek de kabul edilebilir değil. Mevcut durum göz ardı edilebilecek bir durum da değil.

Ben inşallah 5 Haziran 2017'den önce zaten özgürlüğüme kavuşmuş olacağım ama burada geride bırakacağım bir sürü insan var, cezaları sürecek olanlar ya da benden sonra girecekler var ne yazık ki ve onların da bu kadar kalabalık bir yerde yaşamaları zor. Onların da burada olabildiğince iyi koşullarda yaşamasını arzu ediyorum.

Eşyalarımın çoğunu yolladım, nasıl olsa yakında çıkacağım diye. Üstelik moral olsun diye onları özellikle aşkım ile yolladım. "Bak hayatım görüyor musun, vakit azaldı, yakında ben de çıkacağım. Bunları da sen al götür," diye. Özellikle de kalın giysileri gönderdim. Malum en fazla yer kaplayan onlar. Tam da bunun üzerine havalar soğumadı mı? Şaka gibi. Şimdi de baya baya üşümeye başladım. "Amaaan olsun varsın, eşyalar olsun giden," deyip, evrenin bu şakasına gülümsüyorum. Her gün aynı şeyi giymeye de razıyım, yeter ki dondurulmuş hayatımın buzu çözülsün. Yeter ki hayatımı geri alabileyim. Dolabımı toplar gibi dağılan, parçalara ayrılan hayatımı da toparlayıp, yeniden düzene sokayım. Müziğime, notalarıma, sevenlerime kavuşayım bir an önce. Gerisi kolay, gerisi teferruat. Bugün içimde bir şeyler kıpır kıpır. Sanki tam da şarkı yazma havamdayım. Yeni bir şarkı gelmeden önce, ilginçtir ki hep hissederim. Hadi bakalım hayırlısı...

*Ne sen haklı*
*Ne ben haklıyım*
*Hangimiz suçlu bilemiyorum*
*Bu düzen böyle kurulmuş*
*Ben bu düğümü bir türlü çözemiyorum*
*Yasak, yasak, her şey yasak*
*Vakit çok var (dar)*
*Her şey vasat*

# Ağustosböceğim neredesin?

*Ben her şeyin*
*Hayatta hiçbir şey olduğunu anladım.*
*Hayattaki her şey,*
*Aslında hiçbir şey.*

Aylardan ağustos, tam bir haftadır elime kâğıt kalem alamaz olmuşum. Öyle sıcak ki, hiçbir şey yapmak gelmiyor içimden. Karşımda iki fan olmasına rağmen defterime şıp diye iki ter damlasının düştüğünü görünce gözlerime inanamıyorum. Oysa ağustosböceği misali koşuşturuyor olurdum herhalde dışarıda olsaydım... Böyle düşününce "içerde" olmak iyice canımı sıkmaya başlıyor. Sıcağın yarattığı bunaltıya bir de üzüntü, hayal kırıklığı ve özlem karışıyor iyice.

Ağustosböceği yazın gününü gün ederken, karınca kışın rahat etmek için çalıyordu ya masalda, burada ağustosböceği yok, karınca da... Burada yaz da kış da ne eğlenebiliyor ne de çalışabiliyor insan. Asalak böcekler gibi hissediyorum. Halbuki hayata geliş amacım şarkı söylemekti buna tüm kalbimle inanıyorum, üstelik çok severek yaptığım işimle çok şükür hem kazanıyor, elimden geldiğince sevdiklerime, yardıma ihtiyacı olan insanlara yardımcı oluyor, hem de yanımda çalışan kocaman bir ekibe iş imkânı sağlıyordum.

Halbuki şimdi... Burada anlamını yitirmeyip daha da anlam kazanan, belki de hiç olmadığı kadar anlam kazanan şeylerin başında okumak geliyor. Deli gibi okuyorum. Okurken duvarlar, tel örgüler, o alışılmadık tuhaf ve zalimce kurallar, yaşadığım ve etrafımdaki insanların yaşadığı o ağır acılar yok oluyor sanki. Kitabın kapağını kapattığımda gerçeklerle yüzleşiyorum.

Kitaplar aldırtıyorum, sevenlerim kitaplar gönderiyor, ne bulursam, neyi seversem onu daha da çok okuyorum. Hatta daha önce hiç seveceğimi sanmadığım alanlara bile ilgim artıyor. Artık neyi nerede, ne zaman hatta niye okuduğumu bile hatırlamadığım oluyor. Bunlardan bir tanesi de dünyanın en büyük yatırımcılarından biri olduğu söylenen Warren Buffett'in yaşam tüyoları. Bu büyük yatırımcı, kendisine nasıl bu kadar başarılı olduğunu ve bu başarının sırrının nerelerde yattığını soranlara, "Basit yaşıyorum, herkese de bunu tavsiye ederim," demiş. Tavsiyelerini de söyle sıralamış: 1. Yaptığın işi sev; 2. Önce biriktir sonra harca; 3. Sadece ihtiyacın olan kadarını al; 4. Fiyatının düşmesini bekle; 5. Herkes hırslıyken korkak, herkes korkakken hırslı ol; 6. Bilmediğin şeylerden uzak dur; 7. Kendini tanı, para karakterini bil.

Gerçekten bunlar süper tavsiyeler, fakat cezaevindeki bir mahkûma adapte edilince tavsiyeler pek de işe yaramıyor. Niye yaramıyor hemen anlatıyorum:

1. İş yapamıyorum ki burada işimi seveyim. Buradaki tek işim saatleri saymak, günlere umut bağlamak; üretmeden, kazanmadan adeta asalakça yaşamak. Ha bir işim daha var. En büyük hazinem olan sevme yeteneğini kaybetmemek için sevgi sözcüğünü pamuklara sarmak, bu en büyük işim, çünkü buraya tahammül etmenin en temel şartı kalbi karartmamak. Kalbin kararırsa eyvah!..

2. Neyi biriktireyim? Haftalık harcama limitim 300 TL, azımsadığımı düşünmeyin, çok şükür onu da nişanlım eksik olmasın hesabıma yatırıyor ve ben bu-

nunla yaşıyorum. Biriktirmek zaten imkânsız. O hafta elinize geçen miktarı harcamasanız bile bir sonraki hafta toplam 600 TL harcamanız mümkün değil. İzin verilmiyor buna. Buna da şükür. Bulamayanlar çoğunlukta. Dışardaki lükslerimi hayal bile edemeyeceğim bir yoksunluk içinde yaşarken, sadece 300 TL'lik harcama yapabildiğim için sitem ederken, burada 30 TL'si bile olmayanları hatırlıyorum. Az önce kendim için üzülürken, durumuma şükrediyor, onlara da Yaradan'dan bolluk, bereket ve mutluluk diliyorum. Çünkü ne yazık ki kısıtlı imkânlarımla ancak elimin uzandıklarına yardım edebiliyorum, herkese değil.

Neyse üçüncü maddeye geçelim.

3. Sadece ihtiyacım olan kadarını alırsam haftaya kantinde aynı ürünü bir daha bulabileceğimin garantisi yok. Garanti bir kenara, sevdiğim bir ürünü bir sonraki hafta bulmak neredeyse imkânsız gibi. Şekersiz limonata gibi basit bir şeyi bile 3 aydır bekliyoruz. Düşünün yani. Hal böyle olunca geldiğinde stok yapmak zorunda kalıyoruz ister istemez. Burası tuhaf, acayip bir yer. Her açıdan üstelik.

4. Fiyatının düşmesini bekle demişti büyük yatırımcı. Çok beklersin, çünkü burada sistem şu: Bir ürün iyi satı-

yorsa, gramajı azaltıp aynı fiyata, hatta bazen ufak, göze batmayacak kadar zamla satmak. Sen de o ürünü kullanmak istiyorsan bu şekilde almak zorundasın, çünkü başka şansın yok. Üstelik bir üründen sadece tek çeşit bulunduğunu da söylemeliyim. Basit bir kuruyemişten küçük paketler içindeki ıslak mendillere kadar hep aynı kural geçerli.

Devam ediyorum.

5. Herkes hırslıyken korkak, herkes korkakken hırslı mı olacaktık? Bu kuralı cezaevine uyarlamak fikri bile gülümsetiyor beni. Yıllar boyunca sahnelerde, ışıklar altında olan ben, normal hayattaki insanların bile ne kadar acımasız olabileceği gerçeğiyle yeni yeni yüzleşirken, burada bambaşka koşullarla yüzleşiyorum. Üstelik bu yüzleşme son derece dramatik bir hal alabiliyor. Tüm bu dramatik kakofoninin ortasındayım. Aklıma, burada isyan çıkarmak istedikleri gerekçesiyle yakın zamanda başka bir cezaevine sürülen mahkûmlar geliyor. Yapacağın bir sivrilik dışarıda affedilebilir ama burada affedilmez. Tek bir tutanağa bakar işler. Pat diye sürülür gidersin uzakta bir cezaevine.

6. Bilmediklerimizden uzak duracaktık değil mi, hayatın sillesini yemiş insanın bilmediği 5 vakit namaz

olur, onu da öğreneceğin yegâne yer burası. Allahıma sığınmak en güzeli, en huzur vereni; bu kapalı, kısıtlı, yasaklı alanda yapabildiğin onca şey arasında.

7. Kendini tanımak ve para karakterini bilmek. Kendini belki de en çok burada tanıyor insan. Çünkü kendisiyle çok derin bir yüzleşme yaşıyor. Bir an, bir anı kaç kez canlanıyor insanın gözünde, bunu yaşamayan birine anlatmak zor. Ama ya özgürlüğünü kaybetmiş olmanın bir insandan götürdükleri... Getirdiği en önemli şey ise maneviyat. Ve maneviyatın ne derin, ne büyük bir güç verdiğini kelimelerle anlatamam.

Para karakterini bilmek kısmına gelirsek, aza kanaat etmek ve bulunduğum ortama uyum sağlamaktan başka çarem yok.

Bir yatırım danışmanının tavsiyelerini okuyup, kendimce bunlardan bir eğlence çıkarmaya çalışırken, birden yine hüzün gelip çörekleniveriyor yüreğime. O zaman da şarkılara sığınıyorum. Defterime, yüreğimin en derininden gelen sözleri yazıyor, ruhumun çalkantılarına uyan melodiler ilave ediyorum. Bazen önce ses, bazense söz, ama genellikle ikisi el ele tutuşup geliyor, sözleşerek hem de.

Sesler, sözler, yüreğime oturan taşların ağırlığını azaltıyor, acımın kalbimde asla onarılmayacak yaralar açmasını, yüreğimin asla onarılmayacak kadar parçalanmasını engelliyor. Müzik iyi ki var... Şöyle bir şeyler aktı bugün ruhumdan kalbime şifa niyetine...

***Vefalı Sarmaşık***

*Kendimi bildim bileli*
*Ben hep âşığım*
*Dünyaya geldim geleli*
*Vefalı sarmaşığım*

*Bu yolculuk nereye kadar*
*Sürerse böyle*
*Bu dünyada aşk olmazsa*
*Yaşamak neye yarar söyle*

*Ben sana geldim geleli*
*Dünyayla barışığım*
*Ömrümü verdim vereli*
*Hasrete alışığım*

Hani şarkı söylemekti ağustosböceğinin işi? Allah'ın bana verdiği en büyük hediyeyi insanlarla paylaşma gücümün çalındığı bu yerde, büyük bir yatırımcının para konusundaki tavsiyelerini okurken bile ağlamaklı olabiliyor insan.

Çok kıymetli yatırımcı, ne yazık ki sizin bahsettiğiniz "para karakterim" burada donduruldu. Koskoca bir yalana mahkûm edilen ağustosböceği, burada bir asalak böceği oldu. Maalesef... Daha güzel bir ifade bulabilirdim belki ama kendimi acımasızca eleştirmeden de edemedim.

# Küçücük dünyamda sıradan bir gün

*Yaraları aynı yerden kanayan insanlar*
*birbirlerine merhem olurlarmış.*

Burada yaklaşık 23 aydır mahkûmum. Bugün geçen bu dile kolay, yaşaması zor zamanı, bu zaman içinde yaptıklarımı düşündüm. Saatlerin geçmek bilmediği, 24 saatin bazen aylar kadar uzun hissedildiği –özlem denen duygu böyle bir şey işte, bazen bir gün aylar kadar zor geçebiliyormuş meğer– bu yerde geçirdiğim günleri, haftaları, ayları düşündüm. Bu aylar birbirine bağlanıp, zor, ağır ve özlem taşıyan bir tren gibi neredeyse iki yıla ulaşmış ve ben bu süre zarfında kendime küçücük bir dünya yaratmışım.

İnsan, belki de anlaşılması en güç canlı. Belki de bu yüzden Yaradan, insanı "eşref-i mahlûkat" olarak sınıflandırmış. Hiç yapamayacağını sandığı bir sürü şeyi koşullar gerektirdiği zaman başaran, mucizelerin içinden felaketler, felaketlerin içinden mucizeler yaratabilecek kadar güçlü bir canlı. İnsan hakikaten bazen bazı sözlerin ne derin manalar içerdiğini anlayamıyor, bazı sözlerin içeriğini anlamak için gerçekten yaşamak gerekiyormuş, bunu da anladım. Ne çok şey anladım burada bilemezsiniz. Allah, gerçekten insanı kaldıramayacağı sınava tabi tutmuyormuş gerçekten.

Kim derdi ki Deniz Seki hapse girecek, aylarını, hatta yıllarını hapiste geçirecek ve oradan yeni bir anlayış, yeni bir bakış ve bir başka bilme haliyle çıkacak diye. Sizi bilemem ama ben bundan birkaç yıl önce bunu rüyamda görsem inanmazdım. İçimde ne güçlü bir Deniz barındırmışım da haberim yokmuş. "Dağ olsa dayanamaz, yıkılır," derlerdi ya dağ yıkılacak, un ufak olarak zamanlar, günler geçirdim, ateşten bir yolun içinden geçtim, geçip de güçlendim.

Hamdım, piştim, yandım, yandım ve söndüm. Ham olup pişmeyi öğrendim Hazreti Mevlânâ'nın dediği gibi... Piştim dediğime bakmayın siz, insan yaşıyorsa, yaşadığı kadar da öğreneceği gün var önünde. En azından artık bunu biliyorum. Dünyada geçirilen her gün, öğrenecek şeyimiz olduğundan belki de... Ben de burada pek çok şeyin yanı sıra irademin ne kadar güçlü olduğunu öğrendim; sevenlerimin ne çok olduğunu, sevginin gücünün, sevildiğimi bilmenin ne kadar önemli olduğunu kelimelerin ötesinde fark ettim. Sevgim, nefesim oldu, sevildiğini bilmek nefesime nefes kattı. Hayatta biriktirilebilecek en önemli şeyin sevgi olduğunu; ne kadar içten seveniniz varsa hayatın getirebileceği fırtınalara direncinizin de o kadar yüksek olduğunu anladım.

İnsan bu, bazen umutsuzluk kuyusuna düşebiliyor, her şey gözünüze olduğundan çok daha karanlık, her engel çok da aşılmaz görünüyor. İşte o anlarda o kalbinizde biriktirdiğiniz sevebilme gücü, sizi sevenlerin sevgisi giriyor devreye. O sevme ve sevilme yeteneği sizi o umutsuz sandığınız anlardan sihirli bir güç gibi yetişip çıkartıyor; bu yüzden çok önemli.

Yarattığım o küçücük dünyadan bahsedeyim biraz da ne kadar küçük, ne kadar sade ve ne kadar tekdüze... Bunu görebilin istiyorum. Burada, neredeyse her gün küçücük nüansların dışında aynı. Sanki, o bir günün bitip, yeni güne uyandığında kendini yine bir önceki günü yaşarken bulan kahramanların anlatıldığı gerilim filmlerindeki gibi. Tek bir farkı var; onlar bu senaryonun içinden çıkmak için sürekli yeni bir şeyler deniyorlar. Bir çıkış kapısı vardır diye umut içinde koşup duruyorlar ya, işte burada o da yok. Biliyorsun ki bir kapanın içindesin ve sana izin verilene kadar çıkış yok. Aynı günü tekrar edip duruyorsun. O noktada inanç devreye giriyor. İnanmak çok önemli burada. Allah inancı her zaman insana güç verir, insan Allah'a, sevdiklerine sığınıyor ve onlara bir gün kavuşacağına inanıyor...

İnanç burada zamanla verdiğiniz savaşta en önemli destek, en önemli silah. İlla ki inanmak zorundasın. Ya İlahi bir güce... İlahi bir güce inanmıyorsan işin zor, ama o zaman da bir şeylere inanmak zorundasın ki umudun diri kalsın. Beden zaten doğduğu andan itibaren yavaş yavaş ölüme yürüyorken, burada bedenini hızla öldürmemek için inanca sarılmak zorundasın.

Biraz da o bitimsiz günleri tarif etmek istiyorum müsaadenizle. Hoş, bir şekilde herkes burada bir günün nasıl geçirildiğini merak ediyordur, en azından Deniz'in bir gününü nasıl geçirdiğini. Bir kere burada dışarıdaki kimlikleriniz önemini yitiriyor, tam olarak yitirmese de en aza iniyor, zaten bir süre sonra siz de dışarıdaki kimliğinizi çok daha az önemser oluyorsunuz, çünkü burada hakikaten bambaşka birisiniz. Dışardaki kimliğinizden sadece küçük izler taşıyan birisiniz. Onun dışında herkesle aynısınız üç aşağı beş yukarı. Zaten içeri girmenize neden olan dava başladığı andan itibaren Adalet Bakanlığı'nın artık sadece pembe kaplı dosyalarında ya da dijital arşivlerinizde 6-7 haneli bir sayı oluyorsunuz. Sayılar ne kadar birbirinden farklıysa, burada diğerlerinden farkınız üç aşağı beş yukarı o kadar farklı. Ben sadece ardışık sayıların arka arkaya geldiği bir sayı gibiyim, yani biraz daha akılda kalıcı, biraz da göze çarpan bir sayı, hepsi bu...

Her günü hemen hemen aynı şeyleri yaparak geçiriyorum. Bu durumdan ne kadar sıkılsam da şikâyet etmek istemiyorum. Sürekli şikâyet eden insanları zaten hiç sevmem, şikâyetin olduğu yerde mucize de olmazmış; onlardan olmak istemiyorum. Bu beni hem sevindiriyor hem de ürkütüyor bir bakıma. Bazen kendi kendime halimden memnun muyum ki, her şey yolunda gibi davranıyorum diyorum.

Her sabah saat 8'de kalkıyorum. Kim olursan ol sayımda hazır bulunmalısın. Ama son günlerde 07.30'da kalkıp spor yapıyorum. Özgürlük öncesi kendimi kampa soktum. Sonra birkaç saat daha uyumaya çalışıyorum. Ardından güne kahvaltıyla başlıyorum. Kahvaltılar ne kadar kalabalık, mönü imkânların verdiği ölçüde ne kadar zengin olursa, gün aslında bir bakıma o kadar güleç geçiyor. Sonra odaya geçip gazeteleri okuyorum. Burada dışarıyla bağ kurmamızı sağlayan gazete ve televizyon, normalde olduğundan çok daha önemli. Aksi halde iyice kendimizi uzay boşluğunda, hiçbir şeyin temas etmediği bir taş gibi hissedeceğiz. Ya da ıssız bir adada mahpus gibi...

Bazen okuduğum, izlediğim haberler beni gülümsetiyor, insanların gündemlerindeki büyük kavgaların, küslüklerin aslen ne kadar küçücük, ne kadar sabun köpüğü olduğunu düşündürüyor bana. Hoş, ben de insanım, eminim bugün güldüğüm bir sürü şeyi yaparak ben de böyle haberlere konu olmuşumdur, sayıca çok olmasa bile. Daha karamsar bir günümdeysem de kızıyorum. Bu mudur yani bütün dert? Bu mudur bir damla uğruna kopan fırtına?

Öğlen yaklaşık 13.30 gibi kütüphaneye çıkıyorum. Burası benim küçük, huzurlu sığınağım. Burada kitap okuyorum, sevdiğim kitaplardan notlar çıkartıyorum.

Defterimi, kalemimi alıp, içimi döküyorum. Gitarım da var burada. Zaman zaman gitarımı tıngırdatıyorum, notaların rahatlatıcı evrenine ışınlıyorum kendimi. Yazdığım sözlere ezgiler ekliyorum. Bunlar bana iyi geliyor. Bazen de, bu görece sessiz alanda düşüncelere dalıyorum.

Akşamüstü 17.00'de kütüphane kapanıyor ve koğuşuma dönüyorum. 17.30 gibi yürüyüş yapıyorum, koşullar uygunsa havalandırma denen betonla kaplı alanda, görebildiğim kadarıyla duvarlarla çevrili gökyüzünü seyrederek, o engin maviliğe bakarak içimi ferahlatıyorum. Açık havayı içimize çekmemize müsaade edilen günün bu anlarının kıymetini biliyorum. Yok, eğer hava güzel değilse koridorlarda yürüyorum. Bedenin pas tutmaması gerek.

Bir süre için buradayım ama dışarısı da var. Ve çıkacağım ana kadar sağlam, çıktığımda da sağlıklı olmak, iyi görünmek durumundayım. Bunun için yürümek çok önemli. Beden, ruhun bir parçası aslında, ruha gösterdiğin özeni bedenden esirgemek olmaz. Eğer çok keyifsizsem odamdaki yerimi değiştirip, birkaç arkadaşımla dertleşiyor, belki bir Türk kahvesi içiyorum. Sohbetin yanına keyif katmak gerek, Türk kahvesi en büyük keyif unsurlarından biri burada. Sonrasında, akşam yemeği... Tekrar, küçük bir yürüyüş.

Sonrasında akşam haberleri. Televizyondan haber kanallarını açıp bakıyoruz; memlekette, dünyada neler olmuş diye. Genelde gelen haberlerin hiçbiri iç açıcı türden değil. Bazen açık konuşmak gerekirse, moral bozuyor diye haberleri seyretmekten vazgeçmeyi bile düşündüm ama merak... Dışarıya dair haber alma fikri yüzümü ekşitse de, haberleri izlememe fikrime engel oluyor. Hem haberleri izleyip, üzerine yorum yapmak burada önemli bir ritüel. Bazen kendimi yaşlı teyzeler gibi, haberleri sunan spikere laf yetiştirirken buluyorum, gülümsüyorum...

Hava karardı mı, dizi saati geldi demektir. Toplanıp dizi seyrediyoruz. Bu baya bir zamanın daha hızlı akıp geçmesine yardımcı oluyor. Zaman öldürmek, dışarıda kötü bir şey gibi tınlarken kulağa, burada tam tersi. Hızlı akan her saat, sizi dışarıda sevdiklerinizle buluşturacak demektir. Sonrasında, yan odadaki arkadaşları da bir araya topluyoruz.

Söylemeyi unuttum mu bilmiyorum ama ben koğuş mümessiliyim. İnsanların sorunlarını dinliyorum.

Çözülebilecek olanları çözmeye, idareye iletilmesi gerekenleri iletmek üzere not almaya çalışıyorum. Ama koşullar insanları mutsuz ettikçe incir çekirdeğini bile doldurmayacak olaylar, burada hızla büyüyüp şikâyet konusu olabiliyor. İnsanlar mutsuzken her sıkıntıyı büyütme eğiliminde oluyor. Eften püften konular üzerine anlatılanları, makul bir dille anlatıyorum. Genellikle ikna edici olabiliyorum, olmadığı halleri de hoş görüp geçiştiriyorum. Saat gece yarısını bulmadan odama çekiliyorum, dualarımı okuyup, sonrasında Tibet'in gençlik pınarı meditasyonu yapıyorum. Biraz kitap okuyorum ve minnet günlüğümün sayfalarına, o günün içinden çıkardığım şükür unsurlarını yazıyorum.

İnsanın burada farkına vardığı pek çok ayrıntı var hayata dair şükredilebilecek. Hiçbir şey yazamıyorsam, sağlığım için şükredebiliyorum; nefes alabildiğim, sevenlerim olduğu ve onlara kavuşma ümidim olduğu için şükrediyorum. İnsan şükretmeyi bildiği sürece öyle çok şükredilecek şey varmış ki... Ardından televizyon kanallarını dolaşıp seyredecek bir film bulup seyrediyorum. Çok acıkırsam bir salatalık yiyip uykuya dalmaya çalışıyorum.

Uyku öyle kolay kolay gelmiyor bazen. Bazen içinde bulunduğum dört duvar iyice daralıyor, yaşanılan ağır şeyler, geçirilen kötü günler, geçirilmek için önümde bekleyen dizi dizi günler çok daha büyüyor gözümde... Ama yine de uyku bir şekilde yolunu bulup geliyor. İşin güzel yanı, son günlerde, şükür günlüğü tutmaya başladıktan sonra kendimi çok daha huzurlu hissetmeye başladım.

Gün huzurlu geçince, uyku çok daha çabuk geliyor, çok dinlenmiş hissettiriyor ve iyi bir sabaha uyandırıyor. Gece keyifsiz uyursan, sabahın da tatsız başlıyor ki o zaman saatler de kendi aralarında anlaşıp daha zor akmaya başlıyor... Çayın, kahvenin tadı azalıyor, gökyüzünün mavisi griye çalıyor, aldığın nefesin içindeki oksijen sanki azalıyor.

Şimdi muhtemelen size ilginç gelecek bir şey söyleyeceğim. Bazen özgürlüğü düşündükçe endişelenmeye başladığımı fark ediyorum. Çünkü burada kalabalığın içinde aslında bir bakıma kendime kısmen de olsa bir yalnızlık hazırladım. Sıkıldıkça, kaçıp huzur bulduğu bir yalnızlık alanı. Bir düşünür der ki: "Yalnızlıkla arkadaş olun ama dost olmayın." Burada yalnızlık en büyük dostunuz oluyor. Acaba dışarıda bu küçük yalnızlık anlarımı, bu hayatın müstakil kısımlarını arayacak mıyım diye soruyorum kendime. Bilmiyorum bu sorunun cevabını... Belki de gerçek cevabı, dışarı çıktığımda bulacağım. Ama insanın kendi kendine kaldığı, dışarıdaki sesleri susturup, içinin sesini dinlemesi gereken bir zamanının olması gerektiğine emin oldum. Burada bu dinginleştirici zamanın gerekliliğini keşfettiğime göre, dışarıda buna olanak yaratırım bir şekilde... Bütün bunları düşünmek, dışarıya dair kafamda soru işaretleri oluştuğunda kendimi görünmez bir yükün altında hissediyorum. Görünmez ama boğucu bir yük bu.

Kendimi ne zaman daha ağır, daha boğulmuş hissetsem kâğıda kaleme sarılıyorum. Endişelerimi kâğıda dökmek beni ferahlatıyor. Yazmanın nasıl arındırıcı, nasıl şifalandırıcı bir şey olduğunu bir kez daha keşfediyorum. Yazılan kelimeler ne kadar ağır olsa da ağırlıklarını biraz olsun atıyor, ne kadar zehirli duygular içerseler de o zehir akıp gidiyor insanın ruhundan. Bu ferahlığı konuşurken hissedemiyorsunuz. Burada koşullara direnmek pek mümkün değil, burası daha ziyade teslimiyet mekânı. Yaradan'a teslim oluyorum... Rabbime emanet ediyorum kendimi. Onu vekil tayin ediyorum kendime.

Hasbinallahi ve nimel vekil, çünkü biliyorum ki, o benim için en iyiyi, en hayırlısını verecek.

Kendimi en derinimle, en yüzleşmediğim yönlerimle bile tüm kalbimle kabul ediyorum. Kendimi en beyazımdan en koyu siyahıma kadar kabul ediyor ve onaylıyorum. Ve de kendimi hiç olmadığım kadar çok seviyorum. Beni bu hale getiren, böyle düşünmemi sağlayan, en kötü görüneni de dahil tüm koşul ve olaylara şükrediyorum. Hamdolsun bana bilgiyi, bu bakış ferahlığını getirene.

***Üzülme sakın***

*Ah be ömrüm*
*Ah be gönlüm*
*Kime ne yaptık da, böyle olduk*
*Bilmeden istemeden*
*Kimin àhını aldık da böyle ayrı kaldık*
*Yazamıyorum artık*
*Elim gitmiyor*
*Az kaldı, bitecek demekten yoruldum*
*Her gün bu son demekle bitmiyor*

*Böyle söylüyorum diye üzülme sakın*
*Bıkmadım, usanmadım, tükenmedim*
*Yoruldum sadece*
*Korkmadım, ağlamadım, merak etme*
*Sarılınca geçecek nasıl olsa*

***Ben bir hastanede, aklım bir başkasında***

*"Yüzündeki çizgiler*
*Neler anlatır neler*
*En güzel vatanımız*
*Değil midir anneler"*

"Babaların yedikleri üzümler oğullarının dişlerini kamaştırırmış" diye bir söz okumuştum bir yerlerde. Peki, anneler ve kızların kaderleri en olmadık yerlerde kesişir miymiş? Kesişiyormuş. Bugün bunu bir kez daha anladım. Hem de acı bir biçimde... Bugün günlerden çarşamba... 2016 Haziran ayının sonlarına yaklaşıyoruz. Hava sıcak ve ağır, kalbim havadan da ağır.

Annem ameliyat olacak bugün. Ben de mamografi çektirmek istemiştim. Kısmet bugüneymiş. Annemi çok merak ediyorum, annem, canımın parçası... Benim parmağıma iğne batsa onunki kanar, kanar da benimki kanamaz mı? Parmağına iğne de batmıyor ki, koskoca bir ameliyata girecek ve ben onu görüp, iki güzel, iki moral verici söz edemiyorum. Bırakın elini tutup korkularını azaltmayı... Hastanedeyim, ama aklım bir başka yerde. Bir başka hastanede. Nasıl acaba? Morali yerinde mi? Korkuyor mu? Endişeli mi? Girdi mi acaba operasyona, şu dakikalarda canımın yongasını kesip biçiyorlar mı? O kadar narkoz, üstelik o yaşta... Allahım lütfen onu koru, onu sakın.

Yaşım ne olursa olsun, annemin varlığını hissetmek bana güç veriyor. O yaşadıkça, hayatta olup, nefes alıp verdikçe, ne kadar uzakta olursa olsun, kendimi bir kız çocuğu gibi hissetmeye devam edeceğim... Babamın gidişinin üzerinden geçen 20 yılı aşkın zaman oldu, insan alışır diyorlar ya, alışmıyor... Alışmış gibi yapıyor.

Bir bakıyorsun, en olmadık zamanda o üzerinden çok zaman geçmiş yara kanamaya başlıyor, kolun kanadın kırık, bir yanın eksik hissetmeye başlıyorsun. Tuhaftır ama her kız çocuğu, başına gelen her felaketten sonra bir yanıyla, "Babam burada olsaydı, bu olmazdı," diyor. Baba gerçekten evin direği, çınarı. O var oldukça, onun gölgesi üzerinize vurdukça sıcak daha az kavuruyor, soğuk daha az üşütüyor.

Anne, o bambaşka... Tahterevallinin denge noktası anne... Asli görevleri uzunca bir zaman önce de bitse; bir süre sonra sen onun üzerine titremeye başlamış, roller değişmiş, sen onun annesi, o senin kısmen çocuğuna dönüşmüş bile olsa, hayatın sarsıntılarına karşı "anne" denge noktası olmaya devam ediyor.

Kalbimin en kıymetli köşesi şimdi ameliyatta... Gerçi sadece ayağından bir operasyon geçirecek ama yaşı ilerledi. Narkoz... Narkoz son derece ağır. Bademcik ameliyatı bile olsa riskleri var. Son zamanlarda yaşadıklarıyla aslında ne kadar yoruldu, ne kadar yıprandı ama yine de belli etmedi. Görüşlerde, sırf moralimi bozmasın diye ağlamamak için nasıl da tuttu kendini, sanki ben anlamamışım gibi, nemlenen gözlerini gülümsemeyle saklamaya çalıştı. Bütün bu düşüncelerle dolu, bedenim bir hastane odasında, aklım bir başkasında, ameliyathanede otururken, doktorun sesiyle bulunduğum yere, gerçekliğe geri dönüyorum...

Doktorun yüzü asık. Hiç de hoş değilmiş mamografi sonuçlarım. Teker teker gelse ya şu belalar. Ama yok olmaz. Tek başına gezmeyi sevmiyor anlaşılan dertler. İlla ikişer, üçer gelecekler. Gelin. Yok. Yok, bugün öyle kadere atarlanmalar olmaz. Gelmesin dertler mertler. İyi haberler gelsin artık. Güzellikler gelsin lütfen.

Doktor bu kez de MR istiyor. Kendime odaklanmakta güçlük çekiyorum. Annemin iyi haberini almadan, ne mamografi ne de MR düşüneceğim. Annem iyi olsun, ondan iyi bir haber gelsin, sonra her ne olmuşsa bir şekilde hallederim. Artık, dertlere gelişine sağlam bir tekme atmayı öğrendim. Halledemeyeceğim şey yok gibi. Yeter ki sevdiklerim iyi olsun. Ben nasıl olsa bunu da atlatırım.

MR sonuçlarım da temiz çıktı iyi mi? Buna sevinemiyorum bile. Annemden haber almam gerek. Allah kimseyi habersiz, biçare bırakmasın... (Kısa bir süre sonra operasyonun iyi geçtiğine dair haberi aldım. Benim zaten sonuçlarım iyi çıkmıştı. Sonrasında anneciğim çok büyük bir de beyin ameliyatı geçirdi. Çok endişelenmiştim ama onu da atlattık, çok şükür şimdi iyi. Şükürler olsun Rabbime... Bizi sınayan, sınavları aşmamızı sağlayan Rabbime şükürler olsun.)

## Kendi annem olsaydım eğer

Burası bir mutsuzlar adası. Umudunu koruyabilenlerin ayakta kalmayı başarabildiği ıssız bir ada... Kimileri yaşamak zorunda kaldıkları zalim koşulların bir sonucu olarak suça itilmiş, kimileri kaderin kötü bir oyunu, yanlış anlaşılmalar, hatalı yargılamalar sonucu buraya hapsedilmişler. Burası masallarda kahramanın vermek zorunda kaldığı sınavların en kötülerinden... İnsanlar, en karanlık kâbuslarında bile görmek istemedikleri bu yere gönüllü gelmedi... Ve bu iklimi soğuk, suyu buruk yerden bir önce çıkmak, ait oldukları limanlara ulaşabilecekleri günün hayaliyle yaşıyorlar.

Bir günü bile bin bir duygusal çalkantıya gebe, bir saati bile ani duygu değişikliklerine açık bu mekânda mutsuz olmak en kolaylıkla anlaşılacak şey. Kimse mahrumiyeti kendi seçmez ki. Haliyle bu insanları kimse mutsuz oldukları için yargılayamaz. Yine de buradaki en şaşkınlıkla karşıladığım şey, insan denen varlığın gücü... Özellikle de çok daha yakından tanıma fırsatı bulduğum, hemcinslerimin, kadınların gücü. En varlıklısından en yoksuluna herkes ayakta durmak için var gücüyle çaba gösteriyor, koşullara uyum sağlamaya çalışıyor, koşullara direnmenin beyhude bir çaba olduğu hızla anlaşıldığından olsa gerek.

Kadınlar en ağır koşullara da, en zarif ortamlara da en hızlı ayak uydurabilen varlıklar sanırım. O küçücük, üflesen uçacak kadar narin, mini minnacık vücutlarının içinde inanılmaz bir güç barındırıyorlar; hem fiziki hem de psikolojik olarak. Bu yüzden kadınları gün geçtikçe çok daha fazla takdir ediyorum ve kadın olarak doğuşuma bin kez daha şükrediyorum. Zarafet de, güç de bize ne çok yakışıyor. En çok da neşe... Bu koşullarda bile yaratıcılıklarından bir şey kaybetmiyorlar. Aksine zorluklar kadınların yaratıcılıklarını daha da kamçılıyor, yeni yeni yetenekler geliştiriyorlar.

Hayatın en ağır yaralarını almış, adeta derin bir unutuluş kuyusuna hapsedilmiş bu kadınlar, işin ilginç yanı en hızlı adapte olup, en hızlı kendini ve etrafındakileri iyileştirenler oluyor. Bir bakıyorsun, hayatı en paramparça olanı, iyileşmeyen yaralarından kanlar damlamaya devam ederken azıcık bir güzellik karşısında öyle bir gülümsüyor ki, etrafında güller açıyor. Belki de burada insanlar direnmeyi kesiyorlar. Normal hayatlarında, ters akıntılara rağmen ısrarla kürek çeken kadınlar, burada belki de beyhude ve kendilerini zedeleyen inatlarını kırıyorlar.

İnsanız, hepimizin gözle görünen, aşikâr bazı gerçeklere yönelik isyanımız, inkâr etme eğilimimiz var. Koşullar, elle tutulabilir kadar netleştiğinde, hayatla ve olaylarla kavga etmekten vazgeçiyoruz. Belki de bu bir tefekküre ulaşmamıza yardımcı oluyor. Olayları olduğu gibi kabul etmeye başladığında insanın yüreğini yaralayan isyan duygusu yavaş yavaş azalıyor. Bir bakıyorsun ki kaybolmuş ve hayatı sana sunduklarıyla kabul etmeye başlamışsın.

Kabul başladığı anda, içinde bulunduğun koşulları belki de ilk kez bu kadar net ve tarafsızca görmeye başlıyorsun. O anda da gelen şey başka bir farkındalık oluyor. Hapsedildiğine isyan etmenin azıcık dışına çıktığında, hem mevcut hayatını hem de geçmiştekini çok daha net görmeye başlıyorsun. Mevcut halinde de, geçmişinde de şükredecek pek çok şey buluyorsun. Ne kadar zor yollardan geçmiş olursan, o yollarda ayaklarına ne kadar dikenler batmış, ne kadar düşüp yaralanmış olursan ol bu böyle. Burası, en kadirşinasından en nankörüne, en yumuşağından en nasır kalplisine kadar herkeste bir şükran duygusu uyandırıyor. Çünkü aslında, gündüzün kalabalığında ne kadar gürültülü bir yer olursa olsun, burada geceleri çok sessiz. Hele ki başını yastığına koyduğun anda içinin sesi sana torpil yapmayı anında kesiyor. Binlerce düşünce aklında uçuşup duruyorken, kimi zaman dünya üzerine üzerine gelse, aldığın nefes boğazını tıkasa da, yine de farkına varıyorsun pek çok şeyin. Ruhun ister istemez terbiye oluyor, çok istisnai durumların dışında.

Burada geceleri başını yastığa koyduğun anda, gözünü kapattığında ruhun daha önce olmadığı gibi çırılçıplak karşına çıkıveriyor. Bu ayna, hiç de öyle kayırmıyor insanı. En büyük defolarını da, saklı gizli güzelliklerini de gösteriveriyor sana. Ben de sık sık kendimle yüzleşiyorum. Kimileri bu yüzleşmeleri bir cehennem azabı gibi yaşamayı tercih ediyor, hep kötülüklerini görüyorlar hesaplaşmalarında. Bense bunu bir oyuna çevirdim. Bana, sonraki hayatımda da fayda sağlayacak bir oyuna.

Kendime dönüp bakıyorum, ıslah olması gereken huylarımı tek tek gözden geçiriyorum. Küçük bencilliklerimi, nadiren yaptığım şımarıklıkları, duygularıma teslim olup mantığımı bavula koyup gizli köşelere atışlarıma bakıyor, gülümsüyor ve onları düzelteceğime söz veriyorum. Elimden geldiğince bugünün işini yarına bırakmıyorum. Her farkına vardığım değiştirilmesi gereken huyumu elimden geldiğince değiştiriyorum. Mesela daha az alıngan olmam gerektiğine mi karar verdim, daha az kırılgan, daha realist olmam mı gerektiğine karar verdim. Hemen konuyla ilgili karşıma çıkan ilk olayda bu tepkilerimi kontrol ediyorum. Eğer değiştirmem gerekiyorsa, ilk değişikliği o anda hayata geçiriyorum.

Kendimi daha iyi tanıyabilmek için küçük küçük oyunlar bile icat ediyorum. Bu oyunu cezaevine ilk girişimde icat etmiştim. Bu son geliştirdiğim oyunun adı: Kendi annem, babam ben olsaydım... İnsan ailesini her zaman sever, benimser, aile de evladını elinden geldiğince içine doğduğu fırtınalara gebe, karmaşık, zorlu ve bir o kadar da güzel dünyanın acımasız yönlerinden korumaya çalışır. Ama doğanın kanunu bu, bir nesil öncekinden öteye gitmek, daha iyi olmakla mükellef. Belki de bu yüzden bizden öncekilerde, hatta bizi yetiştiren anne babalarımızdan daha ileride olduğumuz için onları eleştiriyoruz.

Cezaevi günlerimde, "ben de annem ve babam olsaydım ne yapardım"ı kafamda canlandırmayı denemiştim. Şimdi bu oyunun alanını biraz daha daraltıp, yaratıcılığımı zorlamaya karar verdim. Kendimi bir baba olarak tahayyül etmek oldukça zorsa, o zaman kendi annem olsam ne yapardım sorusunu sordum kendime... Hem, madem mevcut Deniz'i değiştirip geliştireceğim, daha güzel, daha olmuş oturmuş, daha yaratıcı, daha az kusurlu bir Deniz'e dönüştüreceğim. O zaman yeni bir Deniz yaratacağım demektir.

Kadınların ve kadın olmanın güzelliklerinden bahsetmiştim ya, ben kadınların ve sanatçıların Yaradan'ın en kayırdığı canlılar olduğunu düşünüyorum. Yaradan tabii ki her insana kendi nefesinden üfledi ve bu yüzden hepimiz eşref-i mahlukat sıfatını aldık ya, sırf içimizde Yaradan'ın nefesi var diye. Kadınlar ve sanatçılar bu nefesten, diğer insanlara, erkeklere göre sanki biraz daha fazla nasiplenmişler. Allah'ın yaratıcılık sıfatı bu ikisinde daha çok çünkü.

Sanatçılar, ruhlarından gelen ilhamla insanların hayatlarını rengârenk kılacak, dünyayı daha güzel bir yer yapacak eserler yaratıyorlar.

Kadınlar... Kadınlar zaten gündelik hayatlarının neredeyse her anında bir yaratım içindeler. Hayatın varlığını devam ettirmek için, üretmek, beslemek, büyütmek hep kadınlara bakıyor. Kaldı ki anneler... Onlar bire bir dünyaya yeni evlatlar getirerek, adeta hayatı ellerinde taşıyorlar. Ben de yeni Deniz'i yaratırken, kendi yeni benimin annesi olsaydım ne yapardım fikrini geliştirdim işte. İşim kendi annemin kurduğu sağlam temelin üzerine yeni bir şeyler eklemek olduğu için onunkinden çok daha kolay olacak biliyorum. Bu yüzden güzel anneciğime ne kadar teşekkür etsem azdır.

Düşünüyorum, kendi annem olsaydım ne yapardım, ilk olarak bu kadar naif olsun istemezdim kızım. Hayatın aslında son derece güzel olduğunu, ama dikkatli de olması gerektiğini anlatırdım ona. İnsanların özünde iyi varlıklar olmasına rağmen her birinin her zaman iyi birer insan gibi davranmadığını, bu yüzden çok dikkatli olması gerektiğini söylerdim kızım Deniz'e. Ona her zaman kalbinin rehberliğine güvenmesi gerektiğini ama kalbinin rüzgârına kapılıp uçmadan önce aklının rehberliğine sıkça danışması gerektiği yönünde uyarırdım, ama korkutmadan.

Güzelliğin her zaman bir ödül olmadığını, aynı zamanda belalar da açabilecek küçük, nadir ve hızla solabilen bir çiçek olduğunu anlatırdım. O çiçeğin kıymetini iyi bilmesini söylerdim. Güzelliğinin sadece bal arılarını değil, kimi zaman küçük parazitleri de etrafına toplayabileceğini söyleyip, uyarırdım onu... Korkutmadan tabii ki...

Sonra, sonra... Onun erken yaşlarda fark ettiğimiz yeteneğini, sesini geliştirmesi için erken yaşlarda onu konservatuvara gönderirdim. Çocuk yaşta en az iki enstrüman çalması için onu teşvik ederdim. Baba otoritesinin korkuyla değil, sevgiyle kurulduğunu anlar ve ona uygun davranırdım. Babasıyla ilerleyen yaşlarda güçlenen sevgi bağını daha erken yaşlarda kurmasını sağlardım Deniz'in... O da bu güçle yere basardı ayaklarını. Babasının her daim arkasında olduğunu bildikçe, Deniz hayatta daha cesur adımlar atardı. Düşüp takılacak olursa, babasının ona kızacağını değil, destek olacağını bilir, daha az hata yapardı...

Kendi annem olsaydım... Anne olmaktan ve babamdan bahsederken, birden sevgili babacığım, canımın yarısı geliyor aklıma, yüreğim burkuluyor... Az önce kadınlar ve sanatçıların Yaradan'a daha yakın olduklarını söylemiştim ya... Emin olun erkekler de kadınlar için vazgeçilmez... Kadınların yaratıcılıkları, gezegeni şifalandıran neşeleri ancak erkeklerle mümkün. Nasıl demeyin? Biz bir elmanın iki yarısı gibiyiz; gece ve gündüz gibi. Mevsimler gibi... Biri olmasa diğeri eksik, yarım, hatta sakat kalacak; tamamlanmaya muhtaç iki varlık gibiyiz...

Ancak burada erkeğin sadece fiziksel özelliklerinden ötürü aldığı bir sıfattan bahsetmiyorum. Kendinin farkında, sorumluluklarının, gücünün ve gücü doğru kullanmanın öneminin farkına varmış erkeklerden bahsediyorum. Kadınların, onlara duyduğu aşkı, duvara atılmış bir çentik, bir böbürlenme vesilesi olarak görmeyen. Kadının narin bedeninde sakladığı ilahi gücün farkında, bundan memnun, bunu destekleyen, kadınını ardında değil yanında taşımaktan memnun erkeklerden bahsediyorum.

Kendinin farkında bir erkek, kendi kıymetinin farkında bir kadınla birleşince kanatları kocaman bir kuşa dönüşüyor. Rüzgârları, fırtınaları kanatlarının altına alıp daha yükseğe uçabilen ilahi kuşlara dönüşüyor. Gözyaşı ancak gerektiği kadar düşüyor onlardan yana... Onlar gözyaşını da can suyuna dönüştürebiliyorlar hayatlarında...

Babacığım işte öyle biriydi. Annemle babamı düşününce kocaman kanatlarıyla yavrularını sarıp sarmalamış iki kocaman kartal gibi olduklarını düşünüyorum. Bunları düşündükçe kaybın acısı yüreğimi kanatıyor. Hoş ne zaman unuttum ki babasız kalmanın acısını... Uzunca zaman babamın kaybına dair yazmadım. Yazarsam sanki daha somutlaşacak gibi gelmişti acısı. Son olarak yine yazıp yazmamakta tereddüt ettim.

Bugün babacığımın 20'inci ölüm yıldönümü. Babacığım, evimizin ulu çınarı bundan tam 20 yıl önce bizi bugün bırakıp gitti. Annemin kanatları kırıldı o gün... O kırık iyileşti gibi görünse de hiç iyileşmedi aslında. Her şeyin nafile olduğu yere gidişinin ardından hepimiz sadece yapabileceklerimizi yaptık. Yapmaya da devam ediyoruz tam 20 yıldır.

Bugün de onun için burada bir mevlit yaptık. Buradaki arkadaşlarım, hem kendi ölmüşlerine hem de babama dua ettiler. Gözyaşlarımız gözlerimizi hiç kapatmadığımız halde ip gibi akıp gitti. Aktıkça ruhlarımız temizlendi. Allahım dualarımızı duy. Ölmüşlerimizin taksiratlarını affet. Babacığım rahat olsun, güzel kızın, narin Denizciğin iyi babacığım. Üzüntülerimle, gözyaşlarımla ruhunu incitiyorsam, affet babacığım, merak etme iyiyim, daha da iyi olacağım.

## Kadir Gecesi bugün ve yeni bir yaş aldım ben

*"Biz onu Kadir Gecesi indirdik. Kadir Gecesi nedir,*
*bilir misin sen? Kadir Gecesi bin aydan hayırlıdır.*
*Meleklerle Ruh o gece Rablerinin izniyle her iş için*
*iner de iner. Tam bir esenliktir o gece,*
*ta tan yeri ağarıncaya kadar."*
– Kadir Suresi, 1-5

*"Kadir Gecesi'ni, fazilet ve kutsiyetine inanarak*
*ve sevabını yalnız Allah'tan bekleyerek ibadetle geçiren*
*kimsenin –kul hakkı hariç– geçmiş günahları bağışlanır."*
– Müslim Müsâfirin

Bugün 4 Temmuz. Üç gün önce üçüncü kez cezaevinde kutladım doğum günümü. Bu yıl Kadir Gecesi tam olarak 1 Temmuz'a tekabül ediyordu. Bunu da benim için bir sınav kabul ettim. Dua ettim Allah'a hayatımın, sevdiklerimin hayatı bundan sonra güzelliklerle dolsun diye. Günahlarımın temize çekildiği duygusuyla son dört gündür değişik, tarif etmekte güçlük çektiğim bir duygusal hal içindeyim.

Şimdi gazetelere bakarken bir an durdum ve dedim ki, yahu bütün sanatçı arkadaşların bir şeyler yapıyor. Kendilerine, kariyerlerine, sanat hayatlarına yönelik yatırımlar yapıyorlar. Bu yıllardır üzerime bulaşan pisliği insanların aklından nasıl çıkartırım. Düpedüz iftiraya uğradım, haksızlığa uğradım, uğradığım bu iftiranın bedelini hayatımın en güzel yıllarında hürriyetimden ve sevdiklerimden mahrum edilerek yaşıyorum. Bu haksız hukuksuz cezayı ben çekiyorum ama suçsuzluğumun anlaşılacağına yüzde yüz inanıyorum. Tarih beni suçsuz çıkaracak. Suçsuzum, çünkü biliyorum. Ümit ediyorum, sadece tarih değil hukuk da beni suçsuz çıkarır.

Gerçekten sandığımdan daha güçlü ve dirayetli bir kadınmışım. Yemin ediyorum benim yerimde bir başkası olsaydı çoktan aklını kaçırırdı. Ama ben aslanlar gibi atlatacağım yüce Allah'ın bana reva gördüğü sınavı da. Bunu en derinimden, kalbimin ta içinden hissediyorum birkaç gündür. Biliyorum ki Allah sevdiği kullarını güçlüklerle sınar ama onları asla çaresiz bırakmaz.

Her denizin fırtınaları olur, okyanusların daha da büyük. O zaman bu fırtınaları da atlatacak bu Deniz. Sonra süt liman olacak. Huzur ve mutluluk dolacak, bolluk ve bereketle dolacak, tıpkı sıcak denizler gibi. O bolluktan, güzellikten pek çok insan da yararlanacak.

Şarkılarım yine yüzünü bir kez bile görmediğim insanların yüzlerini güldürecek, kalplerini fethedecek. Üstelik günün birinde herkes, hakkımda en kötü konuşanlar, hukukun kestiği cezadan bile çok zehirli sözlerle kalbimi acıtanlar bile inanacaklar masumiyetime. Üzerimdeki o kara lekeyi de Allah'ın izniyle sileceğim. Bekle beni müzik, bekle beni sahne, bekleyin beni alkışlar. Afiyetle, aşkla, olgunlukla ve çok daha derin bir birikimle döneceğim tekrar aranıza.

## Ey özgürlük!

Şu anda ranzamda oturan ben, buruk bir tebessüm ve gururla ama içten içe küçücük bir kıskançlıkla izliyorum Zülfü Livaneli konserini. Ne çok isterdim o sahnede olmayı. Bağıra çağıra, yüzlerce kişinin eşliğinde EY ÖZGÜRLÜK diye şarkı söylemeyi...

İnsana dair tüm acıları notalara döken, şarkılarıyla o acılara bir nebze olsa merhem olan, karanlığın sonunda küçücük de olsa bir ışık yakan bir şarkı yazarı olarak, Güneş Topla Benim İçin de ona eşlik etmeyi. O şahane adama, o çok kıymetli yazara eşlik etmeyi ne çok isterdim. Olsun, müziğin büyüsü tam da böyle bir şey işte. Her ne kadar orada olamamak içimi kanatsa da, yine bir yönüyle iyileştiriyor, içimde ışıklar yakıyor.

"Yiğidim Aslanım"ı söylemeye başlıyor Livaneli şimdi de. Bir sürü sanatçı arkadaşım ona o sahnede eşlik ediyor. "Yiğidim aslanım burada yatıyor..." Onlar orada şakırken ben de ağlaya ağlaya usulca onlara eşlik ediyorum demir ranzamda. Şarkıyı kendime uyarlıyorum: "Müziğim, hasretim hapis yatıyor..." Çok değişik, çok tuhaf, çok karmaşığım... Bendeki bu duyguları size nasıl tarif edebilirim bilemiyorum, üstelik hayatını şarkı yazarak, şarkı söyleyerek kazanan ben. Bunu anlatmanın bir yolunu bulamıyorum, ama bilin ki bundan sonra, beni ne zaman bu şarkıyı söylerken duyarsanız, işte tam o anda ben tekrar tekrar bu anı yaşıyor olacağım. O zaman, yüzümün bütün çizgilerinde, sesimin tüm titreşimlerinde, benim bugünümü anlayacak, ne hissettiğimi siz de kalbinizin tam ortasında hissedeceksiniz. Çünkü bazı anlar vardır, bir ses, bir görüntü insanların hafızalarına değil hayatlarına kazınır.

Şu anda demir bir ranzada oturan ve Livaneli'nin o eşsiz sesinden söylediği özgürlük türkülerine eşlik eden bendeniz, özgürlüğe âşık, özgürlükten yoksun, özgürlüğe dair bu türküyü, gözlerim yaşararak mırıldanırken, bu anı kalbimin en derinine kazıyorum. Kalbimi dağlıyor bu sözler, bir daha asla izi silinmemek üzere.

## *Huzur dediğin*

Buranın sarsıcı, değiştiren, dönüştüren bir yer olduğunu söylemiştim. Öylesine bir yer ki burası; duygularınızın, aklınızın taş kesildiği günler bitiyorken, birden isyan başlıyor. Her şeye, herkese, hatta aldığınız nefese bile isyan ediyorsunuz. Nasıl kesilmedi bu nefes, niye durmadı? Bu korkunç deneyimi yaşamaya niye mahkûmum diye?.. Ardından kabulleniş başlıyor. Ben de bu süreçlerin hepsini yaşadım. Başta da söylediğim gibi burada anlattıklarım, eksiğiyle, fazlasıyla, günahıyla, sevabıyla Deniz...

İnsanın eğer derdi gerçekten içini dökmek ve anlaşılmaksa, kendi kendini kayırmamalı diye düşündüm hep... Bu yüzden size yaşadığım duygu değişimlerini de anlatıyorum. Hatta belki de en çok onları... İlk kitabım ağırlıkla isyan günlerimi anlatmıştı. Orada yaşadığım felaketleri anlamlandırma çabası içinde ve isyana boğulmuş durumdaydım. Şimdi ise yaşadığım her felaketten bir sınav yaşadığıma dair kendime telkinde bulunuyorum. Bu duygu bana kendimi çok daha huzurlu hissettiriyor. Ve yaşadığım her ekstrem durumdan, başıma gelen her musibetten belki de bin nasihat çıkartıyorum. Yavaş yavaş bu hayatı içime sindiriyorum, daha iyi anlıyorum. Öğrendiğim her şey beni daha da olgunlaştırıyor, beni daha bir ben yapıyor diye düşünüyorum. Misal şimdi bir yangın çıksa, alevlerin içinde kalmayı becerirmişim gibi geliyor. Bilirim ki, Rabbim beni yakmak için değil, ateşin içinden geçecek kadar güçlü olduğumu hissettirmek için yakmıştır o ateşi. Eğer ben o ateşi söndürmeyi denemezsem ortalık yangın yerine döner ve canım acır. Su da bulurum Allah'ın izniyle, çıkan yangını söndürmek için. Bunu bilirim. Yaşadığım zorlu günlerin ardından olaylara, acılara bakışım artık bu şekilde.

İnsan, hakikaten bakış açısını değiştirdiğinde gördüğü manzara da değişiyor. Tabii ki olaylara yaklaşım biçimi de... Geçen zorlu günler, benim kendime olan inancımı kırmadı, aksine pekiştirdi. Kendimde hiç olmadığını sandığım, olabileceğini asla tahmin bile edemeyeceğim bir güçle donattı beni. Ve bu yüzden Rabbime beni çok sevdiği, yaşadığım her kara günün ardındaki ışığı gösterdiği için hamd ve teşekkür ediyorum.

Yaşam her an değişiyor, insan hayatı aşama aşama olgunlaşıyor zaten. Hayatın dem alıp olgunlaşması için en önemli şey, yaşadığın her olayı anlamaya çalışmak. O olayın ne için gerçekleştiğini, neyin farkına varman için bir işaret fişeği gibi hayatına girdiğini anlamaya gayret etmek. Ve her ne olursa olsun yaşadığın, aldığın her nefesin tadını çıkarmak. Zaten anları anlara dönüştüren de yaşadıklarından çıkardıkların değil mi?

Hayat, yaşadıklarından çıkardığın anlamların toplamı... O hayatı güzelliklerle, hoş anılarla doldurmak da bizim elimizde. Yaşadığı her anın kıymetini bilen insan, başına gelen belalardan bile anlam çıkartmayı bilen insan değil midir hem? En karanlığın içinde bile ışığı gören insan, ışığın kıymetini en iyi bilen değilse kimdir?

*Güneşin her doğduğu güne*
*Gün Adam sensin*
*Yağmurum ol, rüzgâra yelken*
*Baharım gelsin*
*Dikenleri batan elim*

*Çabucak geçsin*

*Aşka Küsüm Onun Bana Borcu Çok*

*Aşka Küsüm Onun Bana Borcu Çok*

*Bir muma köle oldum*

*Yanmayı da öğrendim*

*Ateş oldum, köz oldum*

*Sönmeyi de öğrendim*

*Ateş oldum, köz oldum*

*Yanmayı da öğrendim*

*Bir muma köle oldum*

*Sönmeyi de öğrendim.*

Her şey çok güzel ve hatta güzelden de güzel olacak. Sağlık, huzur, mutluluk, bolluk, bereket ve afiyetle. Amin.

## *Bir küçük mucize daha*

Ne tuhaf, burada her mısra bir duaya dönüşüyor. Ne tuhaf, her duanın içindeki ilahi ritmi hissediyorum buradayken. Artık içim çok rahat. Çünkü içim diyor ki, her şey çok güzel olacak. Sen yeter ki Allah'a teslim ol. Yaradan'ına korkuyla değil, sevgiyle sarıl. Korkmuyorum bu sayede hiçbir şeyden, çünkü O bana şah damarımdan yakın. Bana bunu en zor anlarımda bile hissettirdi. Ne zaman kendimi kötü hissetsem, halsiz ve depresif hissetsem bana yetişti. Kalbimi biliyor çünkü. Biliyor ki içinde kötülük yok.

Bugün de böyle halsiz ve keyifsiz hissettiğim bir anda, kütüphanede oturmuş çalışmaya çalışıyordum. "Görünüşüz var," diyen görevlinin sesiyle içimi karartan düşüncelerden sıyrıldım. Günlerden salı, görüş için beklediğim kimse de yok üstelik. "Kim gelmiş olabilir?" diye düşünürken, sanki sorumu duymuş gibi, "Leyla Bilen geldi," dedi görevli hanım. Gözlerim nasıl ışıldadı birden anlatamam. Nasıl sevindim... O da yüzümdeki bu ani değişimle şaşırdı haliyle, çünkü Leyla Bilen'in son derece önemli bir enerji koçu olduğunu bilmiyor. Koşa koşa gittim görüş mahalline.

Leyla'ya, "Seni çağırdım bugün biliyor musun Leyla," dedim. Bu tür konulara gayet hâkim olduğu için şaşırmak yerine sevindi.

"Ne güzel olmuş Deniz Ablacığım, ben de ne zamandır gelmek istiyordum ama içimden bir ses 'kalk git' dedi. Üstelik seninle bugün görüşmemize izin verip vermeyeceklerine bile emin değildim, ama geldim. Savcılık da hemen izin verdi."

Derin bir nefes aldım, içimden şükrederek. "Hoş geldin," dedim. Hemen kapalı camın ardından bana bir enerji çalışması yaptı. Bir de reiki alışverişi... Bir anda içimdeki karamsarlık uçup gitti. Kuş gibi hafif hissettim kendimi.

Gün biterken, yüzümde gülümsemeyle Yaradanıma şükrettim, "Rabbim, şükürler olsun, beni duydun, yüreğimdeki yükü hafiflettin," diye. O, beni hep duyuyor, biliyorum. O içtenlikle ona ellerini açanların elini geri çevirmez ki, yüreği temiz olanı darda, çaresiz bırakmaz ki. Buradaki lükslerim bu kadar yalın, sevinçlerim bu kadar temiz aslında. Şükürler olsun, bu sadeliği hayatıma katana.

## Ruh obezitesi

Beğenilmek, sevildiğini bilmek her yaratılmışın en büyük isteği. Hele ki biz sanatçılar için nasıl da önemlidir. Çünkü kabul etmek gerekiyor ki, biz biraz narsist insanlarız. Bu yüzdendir alkışlara kanıp, bir çocuk kadar naif kalışımız. Özlendiğini, hâlâ sevildiğini işitmek, unutulmadığını hissetmek benim için de başka pek çok insanın anlayamayacağı kadar önemli. Bütün bunları duymak, yaşamdaki en büyük tatminlerimizden biri.

Yapılacak bir şey yok, işimizin doğası bu, belki de doğamızın bir parçası. Çünkü sanatçı, aslında izleyicisinin, dinleyicisinin gözlerindeki pırıltıyla var olan, alkışlarla nefes almayı sürdüren bir varlık. Bir sanatçı, gözlerdeki ışıkla, alkışlarla doğru şekilde beslenmezse egosu şiştikçe şişer. Belki de sanatçıyı kibre bulaştıracak ve zirveye ulaşmasını ya da ulaştığı zirvede kalmasını engelleyen bu duruma ruh obezitesi denirmiş. Ama eğer sanatçı, egosunu alkışlarla ve gözlerdeki ışıkla doğru beslerse, bu ego ona kibir değil, ilham verir, yeni ve daha güzel, daha kalıcı işler yapabilmesi için en büyük desteğine dönüşür. Belki de kalıcı eserlerin azlığı bu yüzden. Tıpkı bir havai fişek gibi hızla parlayıp, aynı hızla yok olan yalancı yıldızlar bu yüzden belki de.

## Travma

*"En güzel manzaranın olduğu yerde bile, ağaçların, yaprakların altında böcekler birbirini yer."*

– Francis Bacon

Cehalet ve yoksulluk şiddeti doğuruyor bunu biliyoruz. Cahil insanlar, şiddete hızla ve kolayca yönelebiliyorlar. Yoksulluk... Allah kimselere vermesin, yoksulluk da çok kötü bir şey. Nice insan başında bir damı, sofrasında yiyeceği olmadığı için suça savruluyor. Bunlar hepimizin bildiği şeyler...

Ya gayet iyi eğitimli, her türlü maddi olanağa sahip insan niye şiddete meyleder? Belki de yoksunluktan... Sevgi, ilgi bazen de merhamet yoksunluğundan bence. Bütün bunlardan yoksun kalan insan, hele de baskı altındaysa, hele ki derdini anlatamıyorsa, bal gibi de suça, özellikle de şiddet içeren suçlara yönelebiliyor.

Gayet iyi eğitimli, maddi imkânları geniş, çevrelerinde saygı gören işleri ve pozisyonları olan insanlar bile bazen, konuşmaları gerekenleri zamanında konuşmuyor, belki de konuşamıyor. Ne kadar iyi eğitim alırsa alsın insanlar bazen öfkelerini biriktirmekten vazgeçmiyorlar ve son derece önemli bir şeyi kaçırıyorlar.

Anında konuşulmayan sorunlar, halının altına süpürülüyor. Ama o halının altı da bir gün doluyor. Bilinçaltına itilen öfke kırıntıları, zaman içinde sessizce infilak edeceği zamanı bekleyen, patlamaya hazır yanar dağlara dönüşebiliyor.

Bugün belki de bu anlattığım kavramın en somut haliyle karşılaştım. Koğuşa genç bir kız getirdiler. İyi eğitimli, aile terbiyesi almış bir kızcağız; her halinden belli. Çiçek gibi bir kız deyim yerindeyse. Kızcağızın bütün elleri mosmor ve çizikler içinde. Belli ki kanamış elleri. Dudağı patlamış, o güzel yüzü şişlikler, yara bere içinde. Gözleri tek noktaya kilitlendi kızcağızın, şokta belli ki...

Başına gelenleri duyduğumda, ben de şoka girdim desem yeri var. Kız tüm ailenin bir arada olduğu bir akşam yemeğinde sofraya oturuyor. Yardımcıları da masaya servis yapmakla meşgul. Kız kısa bir süre sonra Avrupa'ya gidecek. Bir sürü insanı imrendirecek bir tablo bu değil mi? Ama derler ya içi seni dışı da beni yakar misali olaylar. Bir anda anne ile kız tartışmaya başlıyorlar. Konu ne? Olaylar niye birden bu kadar ani bir patlamaya yol açacak kadar büyüyor bilemiyorum ama anne birden kızı tartaklamaya başlıyor ve o anda kız da kendini kaybedip ağlamaya başlıyor ama anne kızı tartaklamaya devam ediyor.

Olaya baba da karışıp anneye müdahale ediyor. Adam da karısına vurmaya başlıyor. Kardeşi ve yardımcı kadın şaşkın. Bir anda ağlamakta olan kız kendini kaybedip masadan aldığı bıçakla, babasının elinden kurtulmaya başlarken hâlâ ona hakaretler eden anneyi bıçaklıyor. Herkes bir anda feryat figan. Daha önce şiddet olaylarının sıklıkla yaşandığı evde, annenin bıçaklanması herkesin paniğe kapılmasına yol açıyor.

Kardeşi ve hizmetli anneyi hastaneye yetiştirmek üzere hızla evden ayrılıyorlar. Ama olaylar bu şekilde son bulmuyor ne yazık ki... Az önce büyük bir kavganın yaşandığı ve annenin bıçaklandığı evde bu kez baba ve kız bir başlarına kalıyorlar. Buradan sonrası iyice belirsiz. Kızın anlattığına göre baba yaşanan olayların ardından birden kızın kollarına yığılıyor ve oracıkta ölüyor. Ölüm nedeni kalp krizi. Düşünebiliyor musunuz, dışarıdan bir sürü insanın hayallerini süsleyecek kadar güzel görünen bir ailenin akşam yemeği bir anda nasıl korkunç bir trajediye dönüşebiliyor.

Kızın hikâyesine geri dönersek, kızcağız sadece annesini hafif biçimde yaraladığı için değil, aynı zamanda babasının ölümüne sebebiyet verdiği gerekçesiyle de ceza alabilir. Çünkü babasının ölüm nedeni kalp krizi olmasına rağmen, babasının başında bazı yaralanmalar da mevcut. Adli Tıp'tan gelecek otopsi sonucu bekleniyor. Babanın başındaki izin kriz sırasında yere düşerek, yani doğal yollarla mı olduğu yoksa kızın babasına da ölümcül bir darbe indirip indirmediği araştırılıyor.

Annesini bıçakladığı için hapishanede olan bu kız, otopsi sonuçlarına göre annesini kasten öldürmeye teşebbüsten yargılanabilir. Belki de hakkında müebbet hapis cezası istenecek. Ağzım bir karış açık halde dinliyorum bu yaralı çiçeğin hikâyesini. Her anlamda yaralı bu gencecik, eğitimli, güzeller güzeli kızcağız. Elleri, yüzü, en çok da ruhu. Dünyada en yakınları, en güvendikleri olması gerekenlerden biri kollarında öldü, katilinin o olup olmadığı araştırılıyor, bir diğeri ise onu hapse yollayan anne...

Bu olaydan ne kadar etkilendiğimi anlatmakta bile zorlanıyorum. Allah kimselere böyle acılar vermesin. Düşünüyorum da bu aile, evlatlarıyla olan sorunlarını oturup sakince, tatlılıkla, her sorun yaşandığında halının altına atmadan konuşsaydı diye. Belli ki annenin ve kızın bir öfke kontrol sorunu vardı. Bu sorunlar da sakince, uzmanlara danışılarak halledilseydi; baba, kızına saldıran eşine vurmak yerine sakinleştirmeyi seçseydi, o akşam yemeği hafif bir tatsızlıkla atlatılabilecek, baba mezarda, kız hapiste, anne de hastanede olmayacaktı.

Anneyle kızın bir daha gerçek bir anne evlat sıcaklığını yakalayabileceğinden son derece şüpheliyim. Baba içinse zaten her şey çok geç. Umarım diğer kardeşi yaşadığı bu trajediden büyük bir ders çıkartır. Anneleriyle ilgilenir, onun ve cezaevindeki kız kardeşinin gerekli psikolojik desteği almasını sağlar ve hayatları boyunca şiddete meyletmezler.

## *Sol göğsümün altındaki cevahir*

*"Yani içerde on yıl, on beş yıl,*
*Daha da fazla hatta*
*Geçirilmez değil,*
*Geçirilir,*
*Kararmasın yeter ki,*
*Sol memenin altındaki cevahir"*
– Nâzım Hikmet,
*Hapiste Yatacak Olana Bazı Öğütler*

Türk edebiyatının usta ismi Nâzım Hikmet'i de bol bol okuyorum ve anıyorum tabii burada geçirdiğim günleri güzelleştirsin diye. "Hapiste Yatacak Olana Bazı Öğütler" isimli şiiriyse, en sevdiklerimden, en sık aklıma gelenlerinden. Kendimi bazen, "Kararmasın yeter ki sol memenin altındaki cevahir" mısralarını mırıldanırken buluyorum. Ve tabii ki bu güzel öğüdünü hakkıyla yerine getirmeye çalışıyorum. Kalbimi, sevgiyle, müzikle, şiirle, şarkıyla sıcak tutmaya çalışıyorum ve tabii ki bolca yazıyorum.

*Karartmadım sol göğsümün altındaki cevahiri,*
*Onu hep sevgiyle yıkayıp pakladım.*
*Değdirmedim gönlüme hiçbir kötü sözü*
*Ördüğüm her bir heceyi sakladım.*
*Gece ve gündüzü hep dost bildim*
*Seher vakti ağlamayı yasakladım*
*Karartmadım göğsümün altındaki cevahiri,*
*Ben hep geceyi gündüzüme sakladım*

## Matruşka Deniz

*"Kadın, öyle bir konudur ki, onu ne kadar incelersen incele, her zaman yepyenidir."*

– Tolstoy

Öyle tuhaf ki insan denen mekanizma... Evet, canlıyız, etteniz, kemikteniz, duygumuzla, ruhumuzla, aklımızla, yüzümüzle, endamımız ve ihtişamımızla nefis bir mekanizmayız. Rabbimin gökkuşağı sanki bizim varlığımız. Ve bu kadar özelliğe sahip olan bizler, her birimiz içimize onlarca kişiliği sığdırıyoruz. Bazen öyle anlar geliyor ki, kendimizi bile tanıyamıyoruz. Ben bunu sıkça yaşıyorum; değişiyorum, dönüşüyorum ve kendimde her geçen gün yeni bir yönümü keşfediyorum.

Geçtiğimiz yıllarda büyük gazetelerden biriyle keyifli bir röportaj gerçekleştirmiştim. O röportaj sanırım beni en iyi tarif eden cümleleri içeriyordu. Röportaj sırasında, gazeteci arkadaşım beni bir matruşkaya benzetmişti. Ben de ona, bu matruşkanın içinde bir sürü daha matruşka olduğunu söylemiştim.

Bir matruşkadan kaç tane daha matruşka bebek çıkar ki? Yedi desek? Oooo yedi rakamının sihri de aşikâr. Bütün dinlerde kutsal bir sayı olarak kabul edilir 7. 7 tamamlanmışlığın, bütünlüğün ve mükemmel düzenin sembolüdür, ayetlerde sıkça geçer. Sadece bunlar mı? Mesela gökkuşağı 7 renktir. Gökyüzü 7 katlıdır, dünyada 7 kıta vardır, 7 renk vardır ve en çok bana hitap eden kısmına gelirsek müzik de 7, sadece 7 notayla yapılır.

Ben de, dıştan görünen Matruşka Deniz'in iç katmanlarıyla meşgulüm bugün. İyisiyle, kötüsüyle, şefkatli oluşuna, anaçlığı, kadınlığı, yaramazlığı, çocuksuluğu ve dişiliğine bakıyorum içimdeki küçük Matruşka Denizlerin. Hepsini de çok seviyorum üstelik. Her birini bugün yerlerinden, kuytu köşelerinden çıkartıp özenle sarmalıyorum. Çünkü hepsi benim bir parçam ve hepsi ilgiye, anlayışa aç. Üstelik hangimizin içinde matruşkalar yok ki? Hangimiz böyle değiliz ki?

Bugün ayın 7'si... "Allahım, bize yardım eden, içimize sinen, ferahlık getiren, bolluğa vesile olan, bereketi taşıyan, yararlı, bol, her tarafı kuşatan, her yeri kaplayan, haklının da haksızın da üzerine eşit yağan, her tarafa akıp giden, her tarafı sulayan yağmurlar ver bize. Allahım bizi yağmurla yıka, yağmurlarla sula. Bizi umutlarını yitirmişlerden eyleme. Amin."

Sadık Yalsızuçanlar'ın bu sözleriyle duamı ediyorum. Bu güzel dua biliyorum ki Rabbime ulaşacak. Bağırarak diyorum ki, Deniz kalk, bunu başar, bu delikten çık. Biliyorum ki bunu başaracağım. İçimdeki tüm bu kadınlarla küllerimden yeniden doğacağım, özgürlükle parlayıp yeniden ışık saçacağım.

## Uğurböceği besleyen kadın

Uğurböceği nasıl beslenir bileniniz var mı? Otla sanırım. Ama Türkan Ablam öyle tatlı ki, belki ot sevmez diye, havalandırma sırasında bulup, evcil hayvanımız olarak benimsediğimiz uğurböceğimize, maydanozlarla bir açık büfe bile hazırladı. Hatta bununla da kalmadı, ot ve maydanoz karışımını hazırladığı kapları, koğuşun çeşitli köşelerine yerleştirdi. Güzel böceğimiz acıkırsa, yemeğini bulmakta gecikmesin diye.

## *Bire bin veren bir bahçe gibiyiz*

Ben, kadın kardeşliğine inanan bir kadın oldum hep. Yani, kız arkadaş gruplarına, en yakın kız arkadaşlara, kadınların bir arada olup ürettiği topluluklara bayılan, onların içinde rahat hisseden bir kadınım. Gerek buraya, gerekse dışarıdaki hayatıma baktığımda kadın dostluğunun önemini bir kez daha fark ettiğimi söyleyebilirim. Canımızın yanmasına neden olarak gördüğümüz kadınsal özelliklerimize kızdığımız zamanlar olmuştur hepimizin. Ama öyle renkli ve öyle güzeliz ki her halimizle...

Biz kadınlar ve erkekler olarak bir bütünün iki parçası olsak da birbirinden oldukça farklı parçalar olduğumuzu düşünüyorum. Neredeyse birbirinden bu kadar farklı olan iki parçanın birbirini tamamlamasının belki de sihri burada gizli. Erkekler ne kadar zor duygusallığa kapılıp mantıklarının doğrusuyla hareket ediyorlarsa, biz kadınlar için tam tersi. Biz daha çok duygularıyla yaşayan canlılarız. Bu yüzden sevincimiz de, hüznümüz de, öfkemiz de bir o kadar yoğun, bir o kadar gelip geçici. Bir anda öfkelenen, bir anda öfkesi geçip neşelenebilen bir türüz biz. Her an patlamaya hazır bir yanardağ gibi görünürken bir anda, küçücük bir sözle, minicik bir jestle öfkemiz neşeye dönüşebiliyor.

Dünyanın en verimli toprakları gibiyiz aslında biz kadınlar... Neyi ekiyorsanız, büyük bir hızla yetiştirip, büyütüp sunuveriyoruz karşımızdakine. En çatık kaşlımız bile aslında, bir içinde yaralı bir kuş görmüş bir çocuğun şefkatini taşıyor. En disiplinli, en katı görünenimiz, bir bakıyorsunuz, neşeli bir kız çocuğuymuş da sanki hep saklamış, hiç o yüzünü göstermemiş.

Hayatı en hafife alıyor gibi görüneni, bakıyorsunuz içinde yılların hüznünü, yılların yükünü taşımış da o gizli yarasını hem kendi görmekten sıkıldığı hem de göstererek başkalarını üzmemek için çaktırmamış. En kokoş görünen, aslında hüznünü örtmek için sürmüş sanki kıpkırmızı rujlarını. Bir bakıyorsunuz, en vamp görünenimiz içinde masumiyetin en güzel rengini taşıyor.

Öyle güçlüyüz ki aslında, saçlarımızın rengini, boyunu, şeklini değiştirebildiğimiz gibi önce kendi hayatımızı sonra başkalarınınkini değiştirebiliyoruz. Biraz mutlu edildiysek, biraz takdir gördüysek, hem içimizde hem dışımızda güller açıyoruz. Gülümseyen bir kadın mutlaka başkalarını da gülümsetiyor. Şefkat görerek büyümüş ya da bir şekilde şefkat duygusunu tatmış bir kadın temas ettiği her şeyi bir şekilde şifalandırıyor.

Kadınlar dilleri, dinleri, ırkları, dünya görüşleri birbirinden dağlar kadar uzak bile olsa, rahat bırakıldığında uzlaşmanın bir yolunu buluyor. Çünkü kadınlar aşkta da öfkede de anaçlıkta da dillerin, dinlerin, renklerin, bayrakların çok ötesinde bir kardeşlik duygusu taşıyorlar. Ha kimi zaman bir bardakta fırtına kopartmak da bizim işimiz... Minicik dedikoduları, günlerce konuşulabilir kılabiliyoruz. Minicik bir gülümsemeyle kahkahalar yaratan bizler, bir bakışı günlerce sürecek hüzün fırtınalarına da çevirebiliyoruz. Üstelik sevincimiz olduğu gibi hüznümüz de bulaşıcı bizim.

Kız kardeşlerinizi hatırlayın ya da çok yakın kız arkadaşlarınızı... Biriniz hüzünlendiğinde bir sigara dumanıymış gibi o hüznün yayılışını... Biz birbirimizin hüznüyle hüzünlenip, birbirimizin mutluluğuyla mutlu olabilen bir türüz.

Efkâr da mutluluk da kadınlar söz konusu olduğunda bir duman, bir koku gibi... Bir kenarda birinin efkârdan gönlü mü tutuştu, birkaç saniye sonra o yanık kokusu burnuna geliveriyor. Sadece burnuna mı, havaya karışan o efkâr kokusu birkaç dakika içinde ciğerlerinde. Birimiz ağlamaya başlasın, bir bakıyorsun ki herkesin gözü nemlenmiş. Ortalığın durduk yere gözyaşına, hüzne boğulduğunu çok bilirim.

Kadınların hani hep çok fazla sızlanmasından şikâyet edilir ya... Bir zamanlar ben de çok kızardım sürekli sızlanan, sürekli mutsuz, sürekli öfkeli kadınlara... Yaptıkları şey sanki kadın olmaya yakışmıyor gibi gelirdi bana. Sonra sonra o kadınları da anlamaya başladım. Yaşanan travmatik deneyimler herkeste aynı etkiyi yaratmıyor. Kimi yaralarını şifalandırmayı seçiyor, kimi de yarasıyla oynadıkça oynamayı, kanatmayı, hatta kinle enfekte etmeyi.

Yaşadığımız duygusal yaralanmaları iyileştirmede mizaç kadar bilmek de önemli. Eğer okumuş yazmış, deyim yerindeyse tahsilli bir kadınsanız, sorunlarınızı çözmek üzere okumayı, aklına güvendiğiniz insanlarla konuşmayı, profesyonel destek almayı seçiyorsunuz. Yok öyle değilse, kendinizi hüzne, öfkeye bırakıyorsunuz. O hüzün geçmedikçe, öfkeniz hızla büyüyor ve öfke duyduğunuz asıl şeye yönelemediğinde çevrenizdeki her şeye öfkelenir hale geliyorsunuz. Yok, kişi dışadönük değilse, öfkesini yansıtamıyorsa, bu kez de kendini bir hüzün deryasına atıyor. O hüzün içinde sürekli debenelirken, en ufak sorunları bile büyüttükçe büyütüyor, çünkü yapabileceği başka bir şey yok. Mutsuz ve gözüne her şey mutsuzluğunu besleyecek sorunlar gibi görünüyor. Geçiştirmek yerine, sorun olmayacak bir şeyi ucundan yakalayıp soruna, ardından ya öfkeye ya da hüzne dönüştürüyor bu kadınlar.

Dedim ya burada pek çok şeyi yakından anlamaya başladım. Anladıkça da hoş görmeye. Eskiden çok kızacağım bu kadın tipiyle empati kurdukça, onları sevmeye, için için şefkat beslemeye başladım. Çünkü öyle şefkate ve sevgiye muhtaçlar ki... Emin olun etrafınızda gördüğünüz, sürekli sızlanan ya da sürekli öfke patlamaları yaşayan herkes aslında öyle.

## -mış gibi hayatlar

*Seni diğerlerinden farksız olman için gece gündüz zorlayan bir dünyada, kendin olarak kalabilmek, dünyanın en zor savaşını vermektir. Bu savaş başladı mı hiç bitmez."*

– E. E. Cummings

Bugün bayram. Bayram dışarıda olanlara, hep sorunlardan, sıkıntılardan, gündelik yaşamın asık suratlı hallerinden kaçma fırsatı verir. Biraz daha güler yüzlü, biraz daha hafif günlerdir bayram günleri. Ancak "içerde" işler değişir. Dışarıdaki özgür, mutlu, hafif günlerimize duyduğumuz özlemden olacak.

Bugün geçmişimi ve yaşamakta olduğum günlerimi düşünürken buldum kendimi. Dünya sanki mutsuzlarla dolu gibi göründü gözüme. Sanki hiç kimse, hiçbir şeyden tam anlamıyla mutlu değil gibi, ama herkes bir şekilde her şeyden mutlu gibi görünme telaşında. Sanki her şey yolunda gidiyormuş gibi davranıyorlar ağırlıkla. Bu halleriyle önce kendilerini ardından da herkesi kandırma telaşındalar sanki. Ama insanlar işlerine gelmeyecek her şeyi olduğu gibi, her insanın da karşısındakinin bir aynası olduğunu unutmaya meyyal.

Karşımızdakini hangi nedenle ve niçin kandırırsak kandıralım, aslında kendimizi kandırmış olmuyor muyuz ki? Bu kısırdöngü çığ gibi büyüyor ve kocaman bir negatif enerji bulutu oluşturuyor üzerimizde. Dünyada da, benim güzelim ülkemde de durum ne yazık ki bu şekilde. İnsanlar gerçekten sevmenin ne olduğunu unutmuş durumdalar. Tam da bu nedenle aslında kimsenin gerçekten iki yakası bir araya gelmiyor. Maddiyat tamamlansa manevi bir boşluk oluşuyor, işler iyi gitse sevgisizlikten mutsuz oluyor insanlar. Tahterevalli gibi. Bir yanımız havalara uçsa bile diğer yarımız çat diye yere çarpıveriyor en iyi durumlarda bile. SeviyorMUŞ gibi gibi yapıyor, -MUŞlar, -MİŞler, biriktiriyor, zihinlerini bu kötü yalanlarla kirletiyorlar.

Sevgisizlik, bulaşıcı bir hastalık gibi hızla yayılıyor. Nezle salgınlarının bile önemsendiği şu dünyada, sevgisizlik salgınının ne denli tehlikeli bir şey olduğunun farkına varmamakta ısrarlı insanlar. Tahammülsüzlük had safhada. Sevgisizliğin ve tahammülsüzlüğün bu denli artışını, sanata ve sanatçıya gereken önemin verilmemesine bağlıyorum. Öylesine, günü kurtarmak için yaşıyor insanlar. Oysaki sanatın içimizdeki ışığı en iyi ortaya çıkaran şey olduğunu, sanatçıların bu ışığı oluşturan ağustosböcekleri olduğunu düşünmüyorlar.

İnsanlar hayatlarını güzelleştirecek, ruhlarını ferahlatacak, hayatlarına anlam ve günlerine neşe katacak sanattan uzaklaştıkça sevgisiz, öfkeli ve tahammülsüz yaratıklara dönüşüyorlar. Bu sevgisiz, öfkeli ve tahammülsüz ruhlarda şiddet hızla büyüyor ve serpiliyor; koskocaman, her yeri kaplayan büyük bir sarmala dönüşüyor.

Sanat da tıpkı maneviyat gibi insanın ruhunu yücelten şeylerden. Aslında önem veriyormuş gibi yapsak da ne tam anlamıyla maneviyata ne de sanata hak ettiği önemi veriyoruz, bu yüzden ruhlarımız yaralı, hayatlarımız mutsuz. Maneviyat nasıl kalpten gelir ve kalplere ulaşırsa, sanat da öyle. Sanatın ortaya çıkışına yol açan ilhamın maneviyat gibi ruhun, kalbin en derininden, en temiz yerinden geldiğini kim inkâr edebilir ki? Bu ikisinin tam olduğu yerde, ne şiddete yer kalır, ne tahammülsüzlüğe ne de sevgisizliğe.

Sanatın ve maneviyatın var olduğu yerde güzellik, ahenk ve sevgi olur. Böyle olursa da, çöl bile çöl olmaktan çıkar, gül bahçesine dönüşür. Sanat, insanları birbirine yakınlaştırır, sanatla yakınlaşan insanların da empati yeteneği artar, olaylara bakış açısı değişir. Fakat ilginç bir biçimde, insan kendisinden mutsuz olduğu anlarda en çok da kendisini mutsuz eden hallere tutunuyor. Değişmek, gelişmek istemek yerine dünya değişsin, herkes ona uyum sağlasın istiyor. Dünya geliştikçe hızla artan mutsuzluk sarmalı çok büyük bir endişe nedeni ama her şeyden önce insanın kendi evi, yani kendi memleketi.

Güzel ülkemde acilen bir şeyler değişmeli. Öncelikle insanlar okumaya teşvik edilmeli. Nasıl olur bilmiyorum ama bir sanatçı olarak bunun üzerinde dilim döndüğünce, aklım erdiğince kafa yoruyorum, herkesin de mevkisi küçük büyük bakmadan bu soruna kafa yorması gerektiğini düşünüyorum. Elbirliğiyle, bu büyük ama çözümü imkânsız olmayan sorunun üstesinden gelebilir, yine ortak duygu durumlarda buluşup birbirimize yakınlaşabilir, yine dünyaya güler yüzümüzle, hoşgörümüzle, yardımseverliğimizle ilham olabiliriz gibi geliyor bana. Yoksa... Yoksa, vay halimize...

## *Ezenler de mutsuz*

*"Sadece ezilenler değil, ezenler de mutsuz."*

– Murat Menteş

Murat Menteş'in bir röportajını okuyorum. Ezen, korku yayan, başkalarının acılarıyla beslenen insanlar hakkında oldukça etkileyici cümleler kurmuş. Ve tabii ki ezilen, acı çeken, sömürülen insanlarla ilgili. Burada ezenler ve ezilenler öyle çok ki, ister istemez dalıp gidiyorum röportajı okurken. Önce buraya, yani hapishaneye yöneliyor düşüncelerim. Ardından hızla ülkeye, oradan dünyaya.

Ben hayatım boyunca iyimser biri oldum hep. Görüyorsunuz ya yaşadığım berbat şeylerin arasında bile kendimi gülümsetecek, yüreğimi ısıtacak bir şeyler bulmaya çalışıyorum. Hal böyleyken bile mutlu olmanın bir yolunu bulan insanı düşünün, işler daha iyi giderken nasıl olur? Belki de benimki bir kişilik özelliği. Hayatımın her döneminde karamsarlıktan çok iyimserliğe yönelmiştir duygularım, düşüncelerim. Şimdi söylemek biraz tuhaf kaçacak biliyorum ama yine de söyleyeyim. Kendimi zeytin ağaçlarına benzetirim. Zeytin ağaçları gibi güneşi çok severim. Bu yüzdendir belki de en karanlık gecenin içinde bile ışığı aramam. Fakat bazen oturup gerçekçi düşünmeye çalıştıkça, dünya için de ülkem için de endişe ediyorum kendimden ziyade.

Ben zaten özgürlüğüme, sevdiklerime ve sevenlerime kavuştuğumda nasıl olsa kendimi çok daha iyi hissedeceğim, ama ya ülkem? Nereye bakarsam bakayım, korku kültürünün hızla yaygınlaştığını fark ediyorum. İnsanlar nasıl oldu bilmiyorum ama bir anda korktuklarına saygı duyar oldu. Sanki özgüvensizlik ve değersizlik duygusu insanların hayatlarının en derinine işledi bir şekilde.

Ezenler ve ezilenler... Bir fasit daire gibi. Biri tarafından ezilen, kendisine eziyet edene saygı duymaya başladığı an, saygı görmek için kendisinden güçsüzünü ezer oldu. Patron çalışanını, çalışan eşini, eş çocuğunu, çocuk kardeşini, belki de en küçük kardeş sokaktaki bir hayvancağızı örseliyor. İnsanlar, yaşadıkları ezilme duygusuna tepki olarak sadece öfke de duymuyorlar üstelik, kendilerini ezene öfkeyle karışık ciddi biçimde saygı da duyuyor ve ona benzemek istiyorlar farkına bile varmadan. Kimi zaman da farkında olarak, bile isteye...

Hastalıklı bir toplum haline dönüşüyoruz, üstelik öyle yavaş yavaş da değil, hızla. Dostoyevski, "İnsan korktuğu birine asla saygı duyamaz," derken, biz neredeyse korktuklarımıza, "iyi ki varsın, iyi ki senden korkuyorum. Bana bunu yaşattığın için teşekkür ederim," deyip, kendimize ezeceğimiz birini aramaya başlayacak haldeyiz. Çünkü ezilenlerin genelinde, ne yazık ki sevgi, özgüven ve özsaygı eksiği var maalesef. Modern dilde Stockholm sendromu deniyor buna.

Ezen için de ezilen için de geçerli tek değer güç. Güç de ağırlıkla, paraya, pula, mevkie denk geliyor. Hayır demeyi bilmeyen insandan geçilmiyor ortalık ve tabii ki kolayca harcanmayı göze alan, bunu bir kader belleyen insandan. Aslında ezen de korkak, ezilen de... Zaten ezenin, ezmekteki asıl derdi korkuları, onu derinden yaralayan ve ona sürekli, "Sen bir hiçsin ve bunu belli etmemelisin," diye seslenen korkuları değil mi? Bu yüzden ezerek, başkalarının üzerine basarak, insanların perişanlıklarından faydalanarak paraya sarılmıyor mu ezenler? Ancak ne korkularına ne de mutsuzluklarına çare bulamıyor hiçbiri. Bu da öfkelerini, saldırganlıklarını, acımasızlıklarını artırıyor. Korkularını güçle, mutsuzluklarını mutluymuş taklidiyle örtmeye çalışıp durmaları tam da bundan. Aslında ezenin de, ezilenin de içinde her daim korkak ve sevgisiz bir çocuk yatıyor. O çocuk sevilmedikçe, korkuları giderilip şefkatle sarmalanmadıkça bu işler böyle geliyoooor, böyle gidiyor...

# Farkındalıklar

*"Önemli olan başına ne geldiği*
*değil, nasıl hatırladığındır."*
– G. García Márquez

Sahne sanatçıları, özellikle de biz şarkıcılar ışıl ışıl, son derece göz alıcı bir iş yapıyoruz. İnsanlar bize çoğunlukla hayranlıkla bakıyor, en sert eleştirileri yapan, belki de sahnedeki duruşumuz, televizyondan ya da gazete sayfalarından onlara ulaşan imajlarımız üzerinden son derece sert yorumlar yapanlar bile, bir şekilde aslında hayatlarımızın belki de hak ettiğimizden daha güzel olduğunu düşünenler. Yani onlar bile aslında bir şekilde bize öykünüyor, yerimizde olmak istiyorlar.

Evet, bu işin yıpratıcı tarafları da çok fazla. Mesela bir düzeniniz yok, o ışıkların altında güzel durmak, iyi görünmek, her ne olursa olsun işinizi en iyi şekilde yapmak zorundasınız. En acılı anınızda bile aslında acınızı göstermeniz yasak. Başka bir iş yaptığınız anda kimi günler biraz dağınık, biraz bakımsız gidebilirsiniz işinize, sadece selam verip geçebilirsiniz iş arkadaşlarınıza... Ama bizim gibiler o hakka sahip değil. En ufak bir fire, bir anlık moral bozukluğuyla ağzınızdan çıkan bir sözcük, kocamaaan bir furyaya dönüşebilir. Alacağınız üç kilo, 300 gün konuşulabilir. Sevgilinizden ayrılışınız, en fazla yakın çevrenizde sohbet konusu. Biz öksürsek olay. Öksürürken bile dikkatli olmak zorundayız. Birden biri, "Aman verem mi oldu?, x verem mi oldu sorularına yanıt vermedi" gibi komik bir furya yaratılabilir ve bir süre sonra en yakınlarınızdan, sizi iyi tanıyan, seven birileri bile bunlara inanabilir.

Sahne ışıkları insanları devleştirdiği kadar, o ışıkların aynı zamanda en küçük kusurlarını da dağlara çevirebilir. Ama bütün bunları işimden şikâyet etmek için yazmadım. Aksine o işi tüm kalbimle, tüm artıları ve eksileriyle ne kadar çok sevdiğimi anlatmak için bir girişti. Biz sabah 09.00-17.00 arasında çalışanlardan daha rahat koşullarda yaşıyoruz, bir sürü zorluğuna rağmen. Mesela konser, etkinlik, kayıt vs. gibi saati kesin işlerimizin haricinde istediğimiz zamanda kalkıp istediğimiz zamanda yatmak, istediğimiz saatte evimizden çıkmak, işimiz için hem ülkenin hem de dünyanın her yerine gidebilmek gibi keyiflerimiz var. Hatta, eğer çok önemli programlarımız yoksa canımız sıkıldığında, güneyde bir yerlere ya da Türkiye dışında bir yerlere kaçıp geziler yapma şansımız da var. Var(dı) yani.

Şimdi bir cezaevinde içimi sayfalara dökerken o günleri hatırlıyorum. İstediğim saatte kalkıp, istediğim saatte evimden çıktığım; eşimle, dostumla buluştuğum, onlarla buluşmaya giderken, hayranlarımla karşılaşıp güzel sözler duyduğum günleri. Gazeteci arkadaşların beklenmedik ama asla kırıcı şekilde cevaplamadığım, birdenbire ortaya çıkan mikrofonları, soruları ve kameraları... Bütün bunlar beni hem gülümsetiyor hem de buruk hissettiriyor. Zaten burada, eski anılara dair gülüşlerinin hepsine müstehzi bir ifade karışıyor. Hem memnuniyet duyuyor hem de yoksunluğunun farkına varıyorsun.

Gündelik yaşamına dair en küçük sandığın ayrıntının bile aslında ne kadar önemli ve ne kadar güzel olduğunu hatırlamak böyle bir şey. Burada, insan en fazla kendiyle sohbet ediyor yazdıklarımdan anladığınız gibi. Üstelik çok yalın, çok gerçekçi, çok çıplak sohbetler bunlar. İnsan belki de kendi ruhuna hiç olmadığı kadar yakından bakıyor, kayırmadan ama kırıp dökmeden, yaralamadan aynı zamanda, çünkü buraya savrulduysanız yeterince yaralanmışsınız demektir.

Hapiste geçirdiğim ikinci yılım doldu. Artık bu kötü, karanlık ama öğretici sayfa kapansın istiyorum, çünkü bu yaşadığım sınav belki de hayatımın en pahalı dersi oldu. İlerleyen yıllarımda bu sınavdan çıkardığım sonuçları asla unutacak değilim ama yine de artık bu kadarı yeterli diyorum. Hayat, hiçbir zaman gül bahçesi değil, en imrenilesi hayatı yaşıyor gibi görünen insan için bile öyle, bunu biliyorum. Ama artık karşılaşacağım zorlukların en büyüğünü, sınavların en büyüğünü atlatmış olmayı diliyorum ve özgürlüğümü hayal ediyorum.

Her yarının bugün edinilmiş bilgilerle yaratıldığına eminim. Bugün karşılaştığımız olaylardan süzdüğümüz sonuçlar, yarınki hayatımızın, güzelleşmesi, olgunlaşması, tatmin ediciliği ya da tam tersi, üzerinde büyük rol oynuyor.

Özgürlüğüme sayılı ama geçmesi oldukça zor az sayıda gün kala, burada edindiğim tecrübelerimi gözden geçirmeyi istiyorum. Yaşadığımız bütün iyi ve kötü olayların, alınması gereken dersler olarak değerlendirilmesi gerektiğini düşünüyorum oldukça uzunca bir süredir. Karşılaştığımız her insanın, yaşadığımız her olayın aslında bize bir şey anlatmak üzere hayatımıza girdiğini... Aksi halde dünyada bu kadar acının ne anlamı olabilirdi ki? Bu bakış açısını kazanmak bana hem bir ferahlık hem de farklı bir dünya görüşü getirdi. Tabii ki bu bakışta da uzun, telaşsız ve anlamaya yönelik okumaların etkisi büyük.

Beni en çok etkileyen yazarların başında da Gabriel García Márquez geliyor. Her kitabında derin bir mana, gizli, adeta tasavvufi bilgiler taşıdığına inanırım Márquez'in. Üstelik son derece sade, herkesin anlayabileceği türden bir dille ve üslupla anlatır bu hazine değerindeki bilgileri. Su gibi akıp gider satırları, okuyucularının gözleri önünde... Ben de bu büyük yazarın kitaplarından çok fazla şey öğrendim. Tekrar tekrar okurken, okuduğum her satırı bir nebze daha fazla içselleştirmeyi başardım. Farkındalıklarıma, büyük katkı sağladı yazıları. Sanatın gücü de belki burada.

Bir başka kıtada bile olsanız, şarkıyla, edebiyatla, şiirle hiç tanımayacağınız, büyük olasılıkla yüzünü bile hiç görmeyeceğiniz insanların hayatlarına dokunma, belki de o hayatlarda kalıcı izler bırakma şansı sağlıyor sanat.

İnsansanız, hiç bilmeden geliyorsunuz dünyaya... Öğrenmek üzere kurgulanmış halde... Hayatlarımızın her evresinde öğrendiğimiz şeyleri içselleştiriyoruz bir şekilde. Zorla ya da tefekkürle. Hayatın akışı karşısındaki hâkimiyetimizi öğrendiklerimizden çok içselleştirdiğimiz bilgilerimizle sağlayabiliyoruz, çünkü bir bilgiyi edinmek başka, hayata geçirmek bambaşka bir konu.

İyiyi doğruyu yapıyor sanıp da sonrasında yanıldığımız olmadı mı hiç? Ya da kötü olduğunu bile bile yaptığımız ama sonuçlarıyla yüzleştiğimiz zaman şaşırdığımız, yıprandığımız zamanlar. Burada kast ettiğim şey, her şeyi deneyimlememiz değil, aksine gördüklerimizden sonuçlar çıkartarak olumsuz deneyimlerimizi azaltmamız gerektiği... Yani ateşin yakacağını bildikten sonra illa avuçlarımızda közü tutmamız gerekmediği. Ama ateşin içinden bir kez geçtiyseniz, o yanık acısı size daha temkinli olmayı öğretiyor. Belki de bu da almamız gereken bir dersti.

İnsanlar her dersi her zaman ne yazık ki kolaylıkla alamıyorlar her zaman. Birinin kolayca görerek edinebildiği bir deneyimi, diğeri en sert haliyle yaşamakla sınanıyor. Ama herkes bir şekilde sınanıyor bu hayatta. Herkes en az bir kez er ya da geç şapkasını önüne alıp düşünmek zorunda kalıyor. Kimi kendi yaptığı yanlışlar nedeniyle, kimi de kaderin kötü bir şakası sonucu yaşıyor bu yüzleşmeyi. Hayat okulu, üniversiteden farklı olarak önce sınav yapıyor, sonra ders veriyor. Vesileler değişse de sonuç değişmiyor. Bu hayattan kimse kendine düşen payı almadan, görmesi gereken dersleri görmeden göçüp gitmiyor. Anlayabilene ne mutlu.

Ben neleri öğrendim yaşadığım bu kötü, sarsıcı deneyimden... Mesela, yalnızlığı deneyimledim. Belki de alkış sesleriyle, sahne ışıklarıyla, flaşlarla; insanların, on binlerce insanın ilgisi ve sevgisiyle beslenen ben, yalnızlıkla yüzleşmeliydim. Ne acı, ne soğuk ama ne öğretici olduğunu öğrenmekle mükelleftim belki de.

Duygularıyla yaşayan bir kadınım ben. Ruhum, adımı aldığım deniz gibi. Dalgalı ama üretken, verimli, nadiren hırçın da olsa şefkatli, korucuyu, kollayıcı, narin... Belki de kendimi kollarına bırakmaktan oldukça hoşnut olduğum duygularım sayesinde ürettiğim eserlerimle imrenilesi bir hayat yaşadım ama aklımın da duygularıma daha çok eşlik etmesine izin vermeliydim. Oldukça narin ve hassasım, neşeliyim ve kendime bu güzel duygularla, baharın çiçeği, denizin tuzu kokan bir hayat kurguladım. Bu hayatın içinde mutlu ve huzurluydum. En acı, en ağır duygularımı bile bu güzel duygularla sarıp sarmalamıştım; dışından bakıldığında acılarım bile tatlıydı aslında.

Yaşadığım bu deneyim, hassas, kırılgan, pembelerle, mavilerle, yeşille bürünmüş hayatın içinde yaşayan bu minicik kadının ne kadar güçlü olabildiğini göstermek için tasarlanmıştı bana. Kendi sınırlarımın hiç de farkında değilmişim diye acı acı gülümsediğim günler çok oldu. Notaların uçarı kızı, aslında içinde çelikten bir leydi taşıyormuş da bilememişim. Bir sürü benim diyen adamın çıldıracağı koşullarda dimdik durmayı başardı Deniz. Zorlandı, yoruldu, kanadı ama ruhu asaletini kaybetmedi, merhameti, nezaketi yok olmadı Deniz'in.

Deniz işini, notaları ne çok sevdiğini, onlar olmadan nasıl eksik kalacağını bir kez daha anladı burada. Koğuştaki ilk mini konserimde bile bir stada sesleniyor gibi heyecanlanmıştım, buradaki hayranlarımın karşısına hiçbir zaman bakımsız, ciddiyetsiz çıkmadım. Konser konserdi ve kaç kişiye söylersem söyleyeyim şarkıları, notalara hiç saygısızlık etmedim. Müziğin ne ilahi ve ne iyileştirici olduğunu bir kez daha deneyimledim burada, en derinimden üstelik.

Merhametin ve paylaşmanın önemine hep inandım. Zaten kalbi nasırlı bir insanın sanatçı olabileceğine hiç inanmamışımdır hayatım boyunca, çünkü ilham gerçekten kalpten gelen bir yetenektir. Notalar da, kelimeler de kafatasınızın içindeki beyinden önce kalpten çıkar. Aksi takdirde ne söyler, nasıl söylerseniz söyleyin o sıcaklığı akıtamazsınız satırlara, seslere. Yani ben hep şefkatli ve merhametli bir kadındım. Ama bilirsiniz ki, koşullar kolayken güzel ve yumuşak huylu olmak kolaydır. Ben en zor koşullarda bile kalbimin temizliğini yitirmedim. Hakkımdaki en sert sözlere, en ağır karalamalara, başıma gelen en kötü olaylar karşısında hiç tahmin bile edemeyeceğim insanların ağzından çıkan zehir dolu sözlere sitem ettim en fazla. O da en başlarda. Anlayamadığım bu karanlık sözleri de affetmeyi başardım. İçim ferahladı, ne kadar affettiysem o kadar beni aşağı çeken taşlardan kurtuldum.

Normal koşullarda, bir kahvaltı sofrasındaki vişne reçelinin hiç bu kadar neşemi yerine getireceğini düşünmezdim. Çünkü vardı, çünkü hep kolaylıkla ulaşılabilir bir mesafedeydi benim için. Burada o vişne reçelinin ekşi tatlı tadını hiç olmadığı kadar fark ettim. İnsanları elimden geldiğince hep sevindirmek istemişimdir; yardım etmenin, yok olana vermenin bolluğu bereketi, mutluluğu arttıran, insana güzellikler katan bir şey olduğunu hep düşünmüş, elimden geldiği ölçüde yapmışımdır bunu. Fakat burada olmasaydım hiç karşılaşmayacağım bir teyzeciğin bozulan televizyonunu onartmayı başardığımda, onun gözlerindeki mutluluğu yaşamak paha biçilemezdi.

Bir sürü dost biriktirmiştim biliyordum, ama bir gün dört duvar arasında hapis beklerken bir dosttan gelen papatyanın, onun ve tüm sevenlerinin sevgisi cezaevinin tamamını dolduracak, havasını hafifletecek kadar, sadece beni değil bir sürü mutsuz kadını sevindirecek kadar büyülü olabileceğini bilemezdim. Burada her şey, her obje, en küçük ayrıntı bile bambaşka bir değer kazandı. Bundan sonra göreceğim bir papatya asla benim için sadece bir papatya olmayacak. Soframdaki vişne reçeli asla sadece vişne reçeli deyip geçilmeyecek. O minicik tabak, o küçücük buket, bana bir sürü edinilmiş bilgiyi, kazanılmış tecrübeyi ve onlarca anıyı taşıyacak. Sadece bunlar değil tabii, onlarca, yüzlerce şeyi anlatabilirim sizlere böyle, ama sıkılmanızı istemiyorum açıkçası.

Kendime dair öğrendiğim, belki de en baştan beri bildiğim en önemli şeylerden biri, hiçbir zaman ama hiçbir zaman sıkıcı bir kadın olmadığım. Bir sürü şey söylenebilir bana dair, ama sıkıcı asla. Her zaman rengârenktim. Şimdi o renkler daha bir oturdu, daha bir güzelleşti. Belki de aralarına kontörler çekildi, çok daha iyi fark edilsinler diye. Denizdeki yakamozların, o koyu lacivertten ayrılmasını, ışıl ışıl görünmesini sağlayan türden kontörler...

## Beyhude çaba

*Kendi ışığına güvenen başkasının*
*parlamasından rahatsızlık duymaz.*
– Victor Hugo

Hakkımda ne olursa olsun kötü düşünecek, zehrini bana da bulaştırmak isteyen insanlar olacağını biliyorum artık. O insanlara ASLINDA kim olduğumu anlatamayacağımı anladığımda bir ferahlama yaşadım ki sorma gitsin. O insanlar hakkınızda ne düşünmek istiyorlarsa onu düşünüyorlar; nasıl yapsanız, nasıl anlatsanız da... Önemli olan samimiyetle anlamak isteyene anlatmak. Yani bütün bu yazın serüveninin altında yatan bu. İlla olumsuz düşünmeye şartlanmış insanların zihinleri, duyguları üzerinde bir kontrolüm yok.

Karşımdaki insan, x ya da y nedenle bir konu hakkında bir fikre varıyor, hele ki o fikir bir kişi ile ilgili olmayagörsün, değiştirmek ne mümkün. Belki de sadece birileri mutsuz olsun istiyorlar. Hayatımı temize çekerken ilginçtir, ben bazı insanların başkalarının mutsuzluklarıyla beslendiğini de fark ettim burada. Üstelik bu insanların neredeyse değişmez nitelikteki fikirlerinin, belli başlı dayanak noktaları da yok.

Bir cümlene, bir giysine, bir tavrına, sahip olduğun bir şeye ya da sahip olmadığın bir şeye kafayı takıp onun üzerinden seviyor, sevmiyor, hatta tuhaftır öfke bile duyabiliyor. İtiraf edeyim bunu ilk fark ettiğimde çok şaşırmıştım. Nasıl olur da bir insan, hiç tanımadığı, ona hiç zararı dokunmayan, hatta kimselere bir zararı dokunmayan birine bu denli nasıl öfke biriktirebilir, hatta ufak ufak kin duyup canını yakmak için fırsat kollayabilir diye... Ama olabiliyormuş işte. Bu tıpkı birini, hiç tanımadan fazlasıyla sevmek gibi bir şey. Belli bir dinamiği, çok da anlaşılabilir bir mekaniği yok. Biraz platonik aşk gibi ya da tam tersi. Orada da, sevilen insanın neyi sevildiği genelde bilinmez. Hatta belki de sevilen kişi, sevildiğinden bile haberdar değildir.

Neyse... Ben kendime döneyim yine. İnsanların önyargılarını değiştiremeyeceğimi fark etmek büyük bir ferahlık getirdi hayatıma diyordum. Zaten çok yorucu, çok yıpratıcı ve beyhude bir çabaydı bu. Gereksiz yere zaman kaybıydı.

Hayatta hatalar yapabilir insan. Hatta her insan hata yapar. Hatasızlık Allah'a mahsustur diye boşuna mı söylemişler. İnsanlar hayatlarının belli dönemlerinde yanlış adımlar atarlar. Eğer bir insan yaptığı hatanın farkına varmış ve samimiyetle düzeltmeye niyetlenmişse o insana her zaman bir şans verilmesi gerektiğini düşünüyorum. Böyle bir durumda birine şans tanımak, kimseye bir şey kaybettirmez; korkmaya, endişe etmeye de gerek yok üstelik, affedici olabilmek son derece kıymetli ve özel bir şeydir. Başkalarının hatalarını görmezden gelmek, böbürlenecek bir şey de değil üstelik. Birinin hatalarını affederken, yarın hatalar yapabileceğinizi de göz önünde bulundurmak zorundasınız. Yani affetmek, affedilişinize kapı aralayabilir.

Hoşgörü ve anlayış bekliyorsak –ki kim beklemez– biz de hoşgörü ve anlayış göstermek zorundayız aynı zamanda. Hayat eğlenceli ve öğretici olduğu kadar karmaşık da, herkesin yolunu kaybedebileceği kadar gizemli de aynı zamanda. Herkes gibi olduğunu, hayatın hem bir yolculuk hem de bir okul olduğunu düşünmek gerekiyor. Bu yolda herkes ama herkes tökezliyor, herkes kimi zaman kaçırdığı dersleri alttan almak durumunda kalıyor nasıl olsa...

***Sesini kader duyar***

*Bazı şeylerin adını sadece zaman koyar*
*Sen ne yaparsan yap su akar*
*Sesini kader duyar*
*Sen benim en büyük dileğimsin*
*Yürekten istediğim, alfabesini bilmediğim*
*Yetmez, yetmez, yetmez, yetmedim zaten*
*Bitmez, bitmem, bitmesin de madem*
*Dudaklarımla dudaklarına içirdiğim şiirler*
*Gitmez tadı hiç aklımdan gitmesin de zaten*

## *Pollyanna'nın hasıyım*

Gündelik hayatın içindeki küçük ve daha önce hiç fark etmediğimiz mucizeleri fark etmek, tatları anlayamamak, aldığımız bütün hazlar, tattığımız bütün lezzetler, hatta aldığımız her nefesin bir şükre vesile olması gerektiğini hatırlamak için tutuyorum şükür defterimi.

İnsan, gündelik hayatın içinde son derece sıradan kabul ettiği, görmezlikten geldiği bir sürü şeyi kaybettiğinde ancak ne kadar kıymetli olduğunu anlayabiliyor. Ben de bir günü oluşturan pek çok sıradan detayın, aslında hayatı anlamlı ve özel kılmak adına ne kadar özel ve ne kadar anlamlı olduklarını onlardan mahrum kaldığımda anladım.

Şükür defterimi bir görseniz, belki de gülecekseniz nelere şükrettiğime ama gülmeyin. Cidden gülmeyin, o şükredildiğine gülümseyeceğiniz şeyler aslında, anlamlı bir hayatın, güzel geçen bir günün güzel ve anlamlı olmasını sağlayan çok özel parçalar. Nelere mi şükrediyorum? Mesela, yediğim bir karnıyarığa, kokulu, kıpkırmızı bir domatese, görüş günlerimde gelen dostlarıma, hayran mektuplarına... Sonra bir pijamaya mesela... Sevdiğimden gelen sevimli, minnoş bir pijama benim günlerimi aydınlatıyor, inanmazsınız belki ama özlemin acısını bile azaltıyor. "Beni düşünerek almış, bak nasıl da biliyor kaç beden giyeceğimi, bunun rengini, kesimini seveceğimi," diye. Evet sıradan, penye bir pijama bile insanın kendini iyi hissetmesini sağlayabiliyor.

Sağlıklı olduğuma şükrediyorum mesela... Sağlıklı bir nefes almanın kıymetini anlamak için çok da ağır bir hastalığa yakalanmanız gerekmiyor üstelik. Cezaevi gibi zaten kolunuzun kanadınızın kırık, kalbinizin her daim buz gibi olduğu bir yerdeyseniz, bir grip bile hem bedeninizi hem de ruhunuzu sarsıyor, üstelik bir eczaneden kolayca alabildiğiniz basit bir ilacın burada bulunması bazen günler alıyor. Geldiğinde ister istemez seviniyorsunuz.

Başka, başka... Mesela 3 TL bile etmeyecek şekersiz bir limonata benim için büyük şükran nedeni... Çünkü yaz günlerinde içimi serinletiyor, serinletiyor da gel de bul burada canın istediğinde... Yok öyle... Buldun mu alacaksın alabildiğin kadar. Kaçırdın mı, ancak yaz geçtikten sonra gelebilir yenisi. O zaman da neye yarar ki limonata. Aldığın bir şeyi başkalarıyla paylaşmak ve insanların yüzündeki mutluluğu görmek muhteşem bir duygu. Bir bardak limonata ikramı gibi normalde lafı bile edilmez şeyler, burada büyük bir mutluluk nedeni.

Hep insanları mutlu etmenin önemine inandım ama imkânsızlıklar, mutsuzluklar içindeyseniz, yapacağınız ya da size yapılan basit bir iyilik bile ne kadar önem taşıyor anlatamam. Bütün bunlar için şükrediyorum. Şükrün önemini kavradığım için bile şükrediyorum. Bunları tek tek oluşturduğum şükür defterine yazıyorum. Bunlar gibi yüzlerce, hatta binlerce gündelik hayata dair detaya şükrettim.

Parmaklıkların arasından görebildiğim bir parçacık gökyüzünün o gün daha açık mavi görünmesine şükrettim mesela. Baharın gelişine... Şükretmek isteyene, şükredilecek o kadar çok şey var ki ve şükretmek öyle büyülü bir şey ki. Bir sürü ünlü kişisel gelişim uzmanı ve mistik bunları boşuna yazmamış. Gerçekten şükrettikçe ve şükrün önemini kavradıkça hayatım değişti, güzelleşti; yaşama sevincim arttı. Burada başladığım ve dışarıya da taşıyacağım alışkanlıkların başında geliyor şükretmek ve şükür günlüğü tutmak. Bazen şükür defterime o gün nelere şükrettiğimi yazarken gülümsediğimi fark ediyorum ve o zaman kendi kendime mırıldanıyorum. Deniz, sen Pollyanna'nın hasısın.

Hasıyım tabii...

## Deniz'in can suyu

*"Sevgi ve güven özgürlüktür.*

*Gerçek sevgi her zaman yaratır.*

*Hiçbir zaman yıkıma uğratmaz."*

Denizleri akarsular besler. Beni burada ziyaretler, dost mektupları, tabii ki kimi zaman neredeyse gözyaşına boğacak kadar duygu yüklü, kimi zaman mutsuzluğun dibindeyken beni yüzeye çıkartan, direnme gücü veren hayran mektupları. Ya onlar da olmasaydı... İnsanın belki de daha önce hiç hissetmediği bir mahrumiyete mahkûm eden bu sürece nasıl dayanırdım...

İnsanın bedeni yiyecekle, temiz havayla besleniyor, varlığını sürdürebiliyorsa, ruhu da ancak sevgiyle beslenebiliyormuş, paylaşımla güçleniyormuş. Her zaman herkesin diline pelesenk olan bir söz vardır ya, mutluluklar paylaşıldıkça artar, üzüntüler paylaşıldıkça azalır diye. Ne kadar haklıymış o söz.

İnsanın hayatını bıçak gibi kesen bir travma yaşayan herkes beni çok iyi anlayacaktır. Bu tür uç bir acı deneyim yaşamamışlar da beni bu kadar iyi anlamasınlar, en azından bu konuda, çünkü hiç kimsenin acının bu kadar büyüğüyle tanışmasını istemem. Ama hayat işte, herkes bir şekilde kendi sınavını veriyor. Yüce Yaradan herkesi kaldırabileceği kadar büyük sınavlara tabii tutuyor. Kendi hayatınızda bu kadar ağır olmasa da ağır bir deneyim yaşadığınızda lütfen bu sözlerimi hatırlayın. İnanın ezberden edilmiş bir söz değil bu. Kendi hayatımın en büyük sınavını verdiğim şu günlerde sevginin ne kadar büyük bir güç olduğunu en derinimden deneyimledim. Bir dostun minicik bir notunun, bahçesinden koparıp mektubun içinde size gönderdiği bir çiçeğin insanı nasıl da dirilttiğini, ayağa kaldırıp savaşma cesaretini verdiğini en sert, en yalın haliyle deneyimledim. Deneyimlemeye de devam ediyorum.

İnsanız, bazen basit bir kararla çözülebilecek ya da bir iki davranış değişikliğiyle halledilebilecek sorunları son derece büyüttüğümüz oluyor gözümüzde. Bazen böyle anlarda, sevdiklerimizi, yakınlarımızı, bizim için bir şeyler yapmak isteyen sevdiklerimizi kırdığımız, incittiğimiz de oluyor. Ama benim sanırım bundan sonra böyle bir lüksüm olmayacak, çünkü özgürlüğümden mahrum edildiğim bu yıllar boyunca en önemli desteğimin katıksız sevgi olduğunu iliklerime kadar hissettim. Keşke geriye dönüp, sevdiklerime karşı işlediğim en ufak hataları bile telafi edebilsem.

Zamanı geri döndürme imkânı yok, değiştiremeyeceğimiz şeyler için de üzülüp durmanın... Bu yüzden artık sevdiklerime karşı, en ufak bir "of" çekerken bile daha dikkatli olacağım. Bu bir karar değil, içten gelen bir his ve şimdiden davranışlara dönüşmeye başladı bile. Sevginin büyüleyici gücünü görmek beni çok daha hoşgörülü, çok daha tahammül sahibi biri haline getirdi şimdiden.

Sevginin en katışıksız, en beklentisiz hali de kuşkusuz aileden geliyor. Faruk'um... O benim kanımdan değil ama canımdan. Onu ailemden ayırt edemem. Kardeşlerime kardeş, anneme evlat olan sevdiceğim... Beni burada nerdeyse hiç yalnız bırakmadı. Her daim üzerimdeki görünmez el oldu.

Eş sözcüğünün bana gerçek anlamını kavratan oldu Faruk. Eş, öyle bir kâğıda atılan imzayla olunabilecek bir şey değil. Sakın buradan nikâhı ya da evlilik kurumunu küçümsediğim sonucu çıkmasın. Aksine evlilik, eğer gerçek ve katışıksız sevgi üzerine, anlayış ve derinden bir gönül bağı temelleri üzerine kuruluyorsa dünyanın en güzel, en kutsal, en yaratıcı kurumu olabilir.

Eş olmak, en derin mutlulukları yan yana değilken bile birlikte yaşamak demek. Kalbinizin kederle dolduğunda, sizden daha fazla canı yanan, sizi tamamlayan bir parçanın bir yerlerde olduğunu bilmek demek. Üstelik sizin canınızın acısıyla yüreği acıyanın, sırf sizi daha fazla üzmemek için üzüntüsünü saklayıp, gücünü toplayıp sizi, o düştüğünüz yerden kaldırması da demek. Eş olmak, hayat yoldaşı olmak demek.

Hayatın size sunduğu dikenli, engebeli yollarda tek başına yürümemek demek. Eş olmak hem aynı olmak hem de farklılıklarıyla birbirinin hayatına renk, birbirinin eksiklerini tamamlamak demek. Bütün bunları bana en umutsuz, en karanlık zamanlarımda Faruk gösterdi. Bana ışık olan ziyaretleri ve mektupları anlatırken, Faruk'umu ailemden ayrı tutmam mümkün değil. Şimdilik sadece gönlümden eşim o ama hayırlısıyla özgürlüğüme kavuşur kavuşmaz, gönlümüzün kararını sevenlerimizle, dostlarımızla, ailelelerimizle bir araya geleceğimiz bir nikâhla tescilleyeceğiz. Bunu yazmak, söylemek bile bir bilseniz içimi nasıl ışıl ışıl yapıyor.

Aşk, anlamlı ve doğru temeller üzerine kurulduğunda insanı 46 yaşındayken, 16 yaşında gibi hissettiriyor. İşte aşk böyle hissettiriyor bana.

Mert'im, güzeller güzeli yeğenim benim. Ziyaretlerimde gördükçe içimde neredeyse daha önce hiç hissetmediğim duyguları uyandıran minik prensim. Ahh canımın can parçası... Yumuk yumuk minicik ellerin, ipek gibi, uçlarındaki minicik kıvrımları olan saçların. Henüz elini bile doğru düzgün tutamamış, kokunu içine çekememiş halana gülümseyişin kalbimde güller açtırıyor miniciğim. Hatta aklımı çeliveriyor. Biliyor musun, böyle giderse başıma ciddi bir iş açacaksın Mertçiğim. Seni gördükçe, yüzümde çiçekler açtıran gülümsemenle bu taş duvarların arasına baharları getiriyorsun ya, ben de bir bebek sahibi olmak istiyorum. Bakalım, hayırlısı diyorum. Ama ister istemez hayallere dalıyorum küçük şövalyem yüzünden.

Bir çocuk doğurup büyütmek için yeteri kadar tahammüle sahip miyim diye sorar oldum senin yüzünden. Enerjim çok şükür yerinde. Böyle tatlı, böyle sevgi dolu bir şeyin şükürler olsun ardından koşacak nefesim var. Mert'imin son ziyaretinden sonra, sevgilimle de konuştum ve ona da söz verdim bir çocuk sahibi olmak için. Üstelik bir coştum ki sormayın gitsin. Bir kız bir erkek olsun dedim birden... Deniz Su, Faruk Can... Bu fikir bile içimi kıpır kıpır yapıyor, kelebekler uçuşuyor midemde. Of, of, offf... Peki, zorunlu ara verdiğim işlerim... Ya onlar nasıl olacak bir çocuk koşturmasının arasında... Olsun, onun da bir çaresi vardır elbet. Hem aşk ve mutluluk enerji kaynağı değil mi insan denen şu mekanizmanın. Benim için iki aşk var, biri Faruk diğeri müzik ve ben her ikisine birden aynı anda kavuşacaksam, bir enerji patlaması yaşamayacak mıyım? O zaman bu iş de çözüldü, bir sorunun daha cevabını buldum diyebilirim gönül rahatlığıyla...

Zaten ne ailem beni yalnız bırakır ne de sevdiceğim. Şükürler olsun onların yanı sıra işin gücün en tepe yaptığı zamanlarda yanımda olacak profesyonel bir yardımcı ile çalışma şansım da var. Ne güzel, ben şarkılarımı yaparken, bebişlerim de Mert'e yetişiverir. Hep beraber büyürler, sevgiyle sarılıp sarmalanmış koskoca bir ailede.

Düşünüyorum da nüfus kâğıdına bakınca yaşım ilerlemiş olabilir ama kalbim 16 yaşında... Bütün bunları mantığımla değerlendirdiğimde korkmuyor değilim, boyları boyumu aşan düşlerimden. Yaşın gençken anne olacaksın sözleri aklıma geliyor. İnsanın yaşı ilerledikçe tahammülünün azaldığını söyledikleri geliyor aklıma. Sonra o karanlık, karamsar sözleri püf deyip üflüyorum uçuveriyorlar. Ben zorluklara meydan okuyarak, onlarla başa çıkarak büyüdüm, büyüyorum.

Tahammülü büyük, zor sınavlar atlattım. Sabrın ne olduğunu öğrendim. Sabrın gücünün ne büyük olduğunu anladım. Anlamakla kalmadım, özümsedim. Başka koşullarda beni tahammülsüzlüğün en uçlarında gezdireceğinden emin olduğum olayları, tebessümle karşılamayı öğrendim ya. O yüzden gözüme bu tür sevimli zorluklar hiç de aşılmaz dağlar gibi gelmiyor. Ben var ya, ben hepsini hallederim. Hem de öyle güzel hallederim ki, bu tip güzel çılgınlıklara niyetlenip, endişe taşıyanlara ilham bile veririm. Çünkü ben dalgalanıp durulan, dalgalanıp duruldukça bereketi bolluğu artan koskoca bir Deniz'im.

Serkan'ım, Serdar'ım... Canımın kardeş parçaları... Ah benim minik kardeşlerim... Ah benim koskocaman, dağlar gibi ardımda duran koskoca kardeşlerim. Adam gibi adamlarım benim. Size ablalık yapıp, koruyup kolladığım, yürümeye yeni yeni başladıkları günlerde ellerinden tutup kaldırdığım, ağladıklarında gözünün yaşını sildiğim güzel kardeşlerim. Siz ne güzel büyümüşsünüz. Her erkek çocuk büyüyor. Evet, bu hayatın doğal bir sonucu... Ama her erkek büyüdüğünde adam olamıyor Serkan'ım, Serdarım...

Sizleri düşündükçe gözüm dolmuyor değil. Anneme babama harika evlatlar olmakla kalmadınız, şimdiden biriniz yuvasını kurdu bile. Eşine iyi bir eş olmakla kalmadı, şimdi de muhteşem bir baba oldu. Evladının gözlerinin mutlulukla her parlayışında, senin iyi bir baba olmanın katkısı var, biliyorsun değil mi? Peki ya benim için yaptıklarınıza ne demeli? Daha önce hiç tanık olmadıkları güçlüklülerle tanıştılar benim geçirdiğim zor günlerde. Benim için benim kadar, belki de daha fazla endişelendiler. Benim nefesimin yetmediği, elimin uzanmadığı her zorlukla onlar başa çıkmaya çalıştı. Ben hapis hayatı yaşarken, benim üzerime gelmek isteyen herkesle boğuştular, kara sözlerle kalplerini karartmadan, üzerime atılan bütün kötü oklara göğüs gerdiler. Önümde set oldular kötülüklere karşı. Bütün bunları yaparken, bir gün olsun of demediler üstelik. Dışarda, benim yüzümden ne kadar incitilmiş olurlarsa olsunlar, yanıma geldiklerinde gülümsemelerini yüzlerinden eksik etmediler. Belki de ablalarını hiç görmek istemedikleri yerlerde gördükleri için içleri parçalanırken, bana bunu hissettirmemek için güçlerinin son damlasını kullandıkları günleri oldu.

Ben bunları nereden mi biliyorum? Siz, ne kadar dağ gibi koskoca adamlara dönüşseniz de hâlâ küçük küçük kardeşlerimsiniz. Sizin eliniz kanasa, benim yüreğim dağlanır. Sizin canınız yanacak ve ben fark etmeyeceğim, öyle mi? Canlarım, canlarımızın kardeş parçaları, kaç kez söyledim bunu ama söz uçar, yazı kalırmış. Bir kez de satırlar vasıtasıyla söylüyorum, size olan tüm hakkım helal olsun. Mutlu, bolluk bereket ve aşk dolu bir ömür diliyorum size. Sadece onlar mı? Tabii ki hayır...

İnsanın hayatta biriktirdiği en önemli şeyin sağlam dostlar olduğunu, bir insanın hayatına en çok anlam katan şeyin sevildiğini bilmek olduğunu en çok burada anladım. Anlamak ki ne anlamak... Sağ olsun, mesleki nedenlerle tanıştığım ama sonradan ailemden birine dönüşen arkadaşlarım gerek mektupları gerekse ziyaretleriyle beni hiç yalnız bırakmadılar. Bir de derler ki sahne, sanat camiasında gerçek dostluklar yoktur. Hiç de öyle değil. Tabii ki beni hayal kırıklığına uğratanlar olmadı değil, ama kimiyle normal koşullarda pek de sık görüşmediğim, kimi de zaten hali hazırda canım, dostum olduğunu bildiğim bir sürü arkadaşım beni yalnız bırakmamak, boynu bükük hissettirmemek için elinden geleni yaptı. Kimileri geldi, kimileri de mektuplar, mesajlar ilettiler gelenler vasıtasıyla, bunlar da beni güçlendirdi.

Buradaki en önemli ihtiyacımı, dışarı çıktığımda sevgi dolu yüreklerle karşılayacağım yönünde beni umutla doldurdu, bu da günlerimi geçirirken acılarımı hafifletti. Dışarı çıkacağım günün hayaliyle her günü daha bir dirençle, daha bir metanetle karşılamama yardımcı oldu. Günlerimi güzelleştirdi. Ne denir, nasıl teşekkür edilir açık konuşmak gerekirse bilemiyorum.

Sonraaa, mektuplar var. Sevgi yüklü mektuplar, özlem dolu mektuplar. Üstelik bazıları heyecanla yolunu beklediğim mektuplar, bazıları hiç beklemediğim, tahmin bile edemeyeceğim yerlerden gelen ve bu soğuk duvarlara sevgi taşıyan mektuplar. Kaliforniya'dan, New Jersey'den bile mektup geldi desem, şaşırır mısınız? Ta oralarda, bambaşka bir kültürden, beni sadece sesimle tanımış, şarkılarımı ne dediğimi anlamasa da sevmiş, cezaevine girdiğimi duyunca bana moral vermek isteyen hayranlarım bile varmış. Türkiye'den gelenleri zaten kelimelere sığdırmak mümkün değil.

Kısaca size şunu söyleyebilirim. Haftanın bir gününü mektup okumaya ve elimden geldiğince cevaplamaya ayırdım. Hepsi de güzellikler taşıdı kâğıtlar aracılığıyla. Kimi durumuma üzülmüş, öfkelenmiş, kimi umut taşıyan, rengârenk kâğıtlara yazılmış, umut dolu sözcükler taşıyan mektuplar. Her birini saklıyorum, eğer bu satırları okuyorsanız, ne demişler, seninle gülen çoktur, sen seninle ağlayanın değerini bil. Her biriniz benim için çok ama çok değerlisiniz. Değil misiniz ki siz benim en zor zamanımda yanımda olan, o zaman benim de hiç görmediğim, tanışmadığım ailemden bir parçasınız. Anlamlı destekleriniz sayesinde hem günlerim güzelleşti hem de zaman su gibi akıp geçti mektuplarınızı okurken.

Buradaki ziyaretler de bambaşkaydı. Kendi yakınlarına gelenler bile bana notlar iletmeyi ihmal etmedi. Her biri de o kadar samimi, o kadar candandı ki, benim yakınlarım gelememiş de not iletmişler gibi hissettirdiler. Mesela canım İyilik Meleğimin bir yakını, "Olabildiğince iyi günler. Anneannenizin çiftliğine gelmedim ama kendi anne babamın bahçesinden babamın kendi elleriyle topladığı eriklerden getirdim. Afiyet olsun" diye bir not göndermişti. (Tabii yasak olduğu için yiyemedim erikleri o ayrı.) Bu ne zarafet, bu nasıl bir kalp. Çok teşekkür ederim hepinize. Dünya sizin gibi kalbi güzel insanlar yüzü suyu hürmetine dönmüyorsa, ne için dönüyor olabilir ki... O halde hepinize sevgi ve özlemle... Allah bir daha özletmesin.

***Dostluk Makamı***

*Eski ve bilinen hikâyedendir*
*İhtiyaç bir ekmek ve tuz değil mi?*
*Senle ben ki çok uzun zamandır*
*Bilinen iki dostuz değil mi?*

*Belki yer yerinden oynayabilir*
*Ama bize mevsim hep yaz*
*Bugün varız yarın olmayabilir*
*Adı dostluk makamı yaz*

*Bu gece benden bi şarkı seç dostum*
*Sen istersin de hiç hayır denir mi?*
*Bu gece kendinden hayli geç geç dostum*
*Görünen köye kılavuz hiç gerekir mi?*[*]

---

* Yaşar'ımın burada *Yalnızlık Dört Bin Perde* adlı şiir kitabını bulup onun bu şiirine naçizane dokunup şarkı yaptım kendimce. Yaşar'ıma süpriz olacak...

# Duyguları darmadağın bir ülke

Dindar yaşam tarzı artıyor görünürde, dindarların sayısı da öyle. Ancak güzel dinimiz bize hoşgörüyü, yoksulun halinden anlamayı, muhtaca yardım elini uzatmayı; zayıfı, düşeni koruyup kollamayı öğütlemez mi? Peki öyleyse bu şiddet, bu kavga, bu öfke, bu yılgınlık neden? Dindarlığın çoğaldığı yerde Yaradan'ın emirleri uygulanmaz mı? Yaradan, kullarının birbirini kırmasını, birine kin duymasını, birbirinden uzaklaşıp kamplaşmasını, karşısındakini düşmanı gibi görmesini ister mi hiç? Halbuki ülkemdeki durum aynen de bu.

Bizi biz yapan ortak paydalarımızın avuçlarımızın arasından kayıp gidişini sessizce seyrediyoruz; pardon, sessizce değil, bağıra çağıra, yıka döke... Hiçbir şeyi kırmayan, en zararsız görünen bile kalp kırıyor sözlerle; kendine benzemeyeni hor görüyor, aşağılıyor... Daha kırıcı, daha sert olanların da neler yaptığı malum.

Öfke dolu insanlar görüyorum nereye baksam. Trafikte bile insanlar birbirini boğazlıyor, evlerinde, sokaklarda kadınlar katlediliyor, gücünü, kendisinden olmayanı ezmeye, yok etmeye çalışanların ülkesine dönüştü güzel ülkem. Ne ara, nasıl böyle olduk?

Adalet en büyük ihtiyaç. 7'den 70'e herkese adalet şart ama herkes kendine adil davranılsın istiyor, hatta herkes bir şekilde kayırılsın istiyor, karşısında olanınsa vay haline. Yaşam tarzlarının farklılığından dem vuruyor insanlar, kültürel farklılıklardan; sanki bu farklılıklar bizi bu hale getirmiş gibi. Bence eksik olan duygu birliği. Eğer bir başkasının acısı senin canını acıtmıyorsa, eğer başkasının, sana hiç benzemeyenin sevinci seni mutlu etmiyorsa orada duygu birliğini kaybediyorsun. Eğer kendinden farklısının acısıyla senin de için yanıyorsa, kültürel farklılıklar, yaşam tarzlarının ayrılığı falan faso fiso kalır. Önemli olan insani duygularda birleşebilmek. Bunu becerebilmek.

Kapı komşun senden farklı zevklere, yaşam görüşüne sahipse bile onun acısını yüreğinde hissediyorsan, onun derdine derman olmaya gayret edersin, ama bizde artık işler iyice değişti. Senden farklıysa vur gitsin; zayıfsa, yere düşmüşse bir tekme de sen at ki çabucak işi bitsin. Peki, öyle olsun. Ama nereye kadar? Sen, senden başka tüm renkleri yok edersen, senden başka tüm sesleri susturursan geriye ne kalacak? O renkler ölür; o sesler susarken, sen yapayalnız, donuk ve eksik kalacaksın. Geriye de yok ettiklerinden arta kalan acı ve kin tohumları kalacak. Bu ülke tam da bu halde.

Elbirliğiyle, öfke birliğiyle karşımızdakine savurduğumuz her yumruk aslında kendi suratımızın tam da ortasında patlıyor. Acının, olayın sıcaklığıyla farkına varmıyoruz belki de... Ama gün gelecek karşı tarafa savurduğumuz her yumrukla, aslında kendimizi devirdiğimizi fark edeceğiz korkarım. O gün de oldukça geç olacak.

Benim tarihi bin yılları aşan Anadolum tarifi imkânsız hasarlar alıyor. Şarkı söylemeyi de yazmayı da belki de bu yüzden çok seviyorum. İyi bir şarkı, güzel bir ses, dili, dini, ırkı, rengi farklı tüm insanlarda aynı etkiyi yaratıyor; birbiriyle kültürel ve dini anlamda, yaşam tarzı itibariyle fersah fersah uzakta insanların aynı şarkıyla gözleri doluyor. Bir başka şarkı insanların mutsuzluklarına ilaç oluyor, günlerine neşe katıyor. Müzik insanların yüreğini belki de kısacık bir süre de olsa birleştiriyor. İnsanlar, renkleri ne olursa olsun, dinleri ne olursa olsun, giyimleri, hitapları ne olursa olsun, bir şarkıyla gözyaşlarının "öteki" dedikleriyle aynı renkte aktığını, neşenin her canlıyı güzelleştirdiğini fark ediyorlar. Sadece o şarkıyı dinlerken olsa bile.

Elimde sihirli bir değneğim olsaydı, ötekiliği, öteki olmayı yok eder, insanların kalplerine kalıcı sevgi ve merhamet tohumları ekerdim. Ekerdim ki dünya aydınlansın... Sihirli değnekler tabii ki bir hayal. Ama aynı ortak değerlere inanan insanlar, eğer isterlerse her hayali gerçeğe dönüştürebilirler. Buna tüm kalbimle inanıyorum.

Hele ki, kalbine dünyaları sığdırabilen, narin görünen ama gerektiğinde çelikten bile daha dayanıklı olabilen kadınlar yok mu? Onlar, önce hayatın sorumluluğunu almaktan korkmasalar... Hayattan korkup, onlara hayatı zindan eden erkeklere bağımlı kalmanın adını sadakat sanmaktan bir vazgeçip birlik olsalar... Şu koskoca, gri, para ve çıkar ilişkileriyle yoğrulmuş, gücünü şiddetten alan erkekler dünyasına karşı bir birleşebilse... İşte o zaman ne ötekilik kalır, ne öfke ne de şiddet. Çünkü kadınlar aslında, hayatın tohumlarını rahimlerinden önce kalplerinde taşır.

Eğer üzerimize çöken bu öfkeye, ötekileştirmeye itiraz etmeksek sonumuz yaman. Sonumuz felaket... Binlerce, on binlerce yılın yükünü zarif ama güçlü omuzlarında taşıyan ve adında bile analara yer veren Anadolu çok büyük, çok acılı zamanlar görecek. O acılardan da en büyük pay analara, kadınlara, kız çocuklarına düşecek.

*Barış bize şu anda*
*Karanlıkta göz kırpıyor*
*Hadi kalk gel oyalanma*
*Analar her gün ağlıyor*
*Barış söz ver bana*
*Başka canlar köz olmadan*
*Her tomurcuk/*
*Sevinsin, umutlansın yeşermeye*
*Su ol ak iki dağ arasından/*
*Gir koluna yağmurun*
*Yaş değmesin başka gözlere*
*Su ol bak bir uzaktan*
*Çayır çimen, dağ taş hep el ele*
*Örnek al tabiattan*
*Bu topraklar zaten hep el ele*
*Hep bir ağızdan*
*Hoş geldin barış denen o şarkıyı söyle*

## *Babalar ve kızları*

Bir yerlerde okumuştum. Bir baba ve kızı pek de sağlam olmayan bir köprüden geçmek zorundadır. Baba kızına, "Elimi tut ki nehre düşmeyesin gül yüzlü kızım, nehre düşmeyesin," der. Kız da cevap verir: "Hayır baba, sen benim elimi tut. Çünkü ben, bana bir şey olursa senin elini bırakırım ama sana ne olursa olsun sen benim elimi asla bırakmazsın..."

Hepimizin babaları iyi babalardı mutlaka. Fakat onlar da korku ve kaygı kültürüyle büyütülmüşlerdi. Bu nedenle de sevgi ve güven kültürünü inşa edemediler bir türlü. Bugün ülkenin de, bu ülkenin kadınlarının da, erkeklerinin de en temel sorunu bu.

Kendi hayatıma dönüp baktığımda, bütün genç kızlığımın babamdan korkuyla geçtiğini hatırlıyorum. İlk evliliğimin 15'inci gününde boşanmayı düşündüğüm halde baba korkumdan tam bir buçuk sene, başta ailem olmak üzere herkese mutlu numarası yapmak zorunda kalmıştım. Eşimin bana göre olmadığı aşikârdı ama ben babam ne der, babam ne yapar korkusuyla kendimi kandırıp bir buçuk senemi çöpe attım. En son raddede, yani bu evliliği artık yürütemeyeceğime iyice emin olduğumda tüm cesaretimi toplayıp babamın karşısına çıktım... Mutsuz olduğumu söyledim. Babamın o anki anlayışlı hali ve tavrı bugün bile gözümün önünden gitmiyor...

Bir babanın kalbi, kızının mutsuzluğuna nasıl dayanır ki? Babamın o şefkatli, anlayışlı halini unutamam. Annem hep bir disiplin kurmuştu üzerimizde, belki de babamdan korkmamız hep bu disiplin yüzündendi. Babamla aramda işte tam da o anda bütün buzlar eridi, duvarlar yıkıldı. Tam da olması gerektiği, korkuyla değil, daha önce olmadığı kadar sevgi ve şefkatle bağlandım babama. O anda hem gerçek bir baba kız, hem de arkadaş olmuştuk. Çünkü babamın, benim mutluluğumu her şeyin üzerinde tuttuğunu o an anlamıştım.

Bir kadının ilk aşkı babasıdır diyenler çok da haklı söylemişler. Babalar kızların ilk aşkıdır. O ilk aşkta öğrenilen deneyimler kadınların tüm hayatına taşınır. Kadınlardan da evlatlarına... Bu nedenle, en çok da babalara görev düşüyor bence. Babalar, kendilerini bir otorite figürü olarak ortaya koyarken, korkuyu değil, sevgi ve anlayışı kullanmak durumundalar. Aksi takdirde babalarından yeteri kadar sevgi ve anlayış görmeyen kızlar, büyüyüp anne oluyor ve doğrusu o zannettikleri için de kızlarına babalarını sevmekten çok korkmayı öğretiyorlar.

Oysaki babasının sevgisini, ona olan güvenini görerek büyümüş bir kız çocuğu sanıldığı gibi ne babasını çiğner ne de onun otoritesine daha az saygı duyar. Aksine, babasını mutlu etmek için çaba gösterirken, dış dünyada da olana bitene karşı çaresiz değil, güçlü, ayakları yere basan bir tavırla yaklaşır. Kendine güvenir. Çünkü onun arkasında, koşullar ne olursa olsun, onu düşünen, mutluluğunu her şeyin üzerinde tutan, dağ gibi, aslan gibi babası vardır. İşte o zaman, o kızların sırtı yere gelmez. Korkudan yanlış yollara sapmaz. Babasını sevmek yerine babasından korkan kız çocukları da yetiştirmez.

# Yılın en uzun günü

*Dünyanın en uzun gecesi 21 Aralık değil,*
*beni terk ettiğin gecedir*
*Beni üzdüğün yorduğun, yıprattığın gecedir*
*Bir kabahat mi gerçekten kendi dışında*
*birine hayranlık beslemek*
*Gerçekten kırıyorsun beni*
*Bir nedeni yok yalnızca öptüm*
– küçük İskender, *Bir Nedeni Yok Yalnızca Öptüm*

Bugün yılın en uzun gününü yaşıyoruz. Takvimler 21 Haziran'ı gösteriyor. Yaz gündönümü. Bugün gerçekten unvanını hak etmek istercesine, uzun bir gün. Geçmek bilmiyor bir türlü.

Bugün görüş günümüz. Bugünü iple çekmeme yol açan adam, aşkım kelimesinin benim için anlam bulduğu adam yok ortalarda. Kırılmış bana. Ne oldu acaba?

Ne yaptım, ne dedim de bu kadar kırıldı bana? Hep kadınları anlamak çok zor diye sitem eder ya erkekler. Asıl onları anlamak çok güç. Hem çocuk gibiler, ilgi alaka her koşulda üstlerinde olsun istiyorlar, hem de zeytinyağı gibi üste çıkmakta üstlerine yok. Ne oluyor yahu diye için için söyleniyorum. Söyleniyorum bir yandan ama kızmaktan ziyade üzgünüm. O bana kırılmış gelmemiş ya, benim kalbimin kırıklarını saymak ne mümkün. O gelmedi ya, duvarlar daha bir daraldı, sadece bugün değil, her gün uzamış gibi geliyor bana.

Kırılmasına neden olan, çektiğim hafif dokunaklı şeker ve masum bir faks mı acaba? Halbuki ertesi gün de tatlı mı tatlı bir faks çekmedim mi sana? Eğer kırılmasına neden olan şey ilk faksımsa, buradaki değişken duygu durumumu hiç mi göz önünde bulundurmuyorsun? Ya buna rağmen burada hiç kolay olmasa da çektiğim ikinci telafi faksına ne demeli? Bütün bunları göz ardı edebiliyor mu cidden? Söylemedim ki, ilk yazdığım fakstaki sitemin ona olmadığını? Yok anlamamış demek ki... Anlamadığı gibi iyice abartıp, hatta oldukça abartıp haftadaki tek görüş günümüzde beni yalnız bırakmayı içine sindirmiş demek ki...

Benim boynum bükülmesin de ne olsun? Kızgın bile değilim, keşke kızabilsem, sadece kırıldım. Kırılmak, kızmaktan çok daha kötü. İnsan kendisini kelimenin tam anlamıyla kolu kanadı kırılmış gibi hissediyor. Utanmasam, içimi çeke çeke ağlayacağım çocuk gibi. Hani sen beni, herkes bıraksa bile elimi bırakmayacaktın? Elimi bırakmadığını biliyorum, bana olan sevginden biliyorum alınganlığın ama yine de canımın yanmasına engel olamıyorum ki...

Halbuki bugün seni göreceğim diye nasıl da heyecanlanmış, sana güzel, dinlenmiş görünmek için, heyecandan uykum gelmese de kendimi uyumaya zorlayıp yatakta bir o yana bir bu yana dönerken uyuyakalmıştım. Üstelik aramızdaki yanlış anlaşılmayı telafi etmek için neler söyleyeceğimi bile özenle tek tek seçmiştim de sonra, sevgilimle bu tür konuları konuşarak, kısıtlı vaktimizi tatsızlaştırmamalıyım diye düşündüm. Birbirimizi gördüğümüzde zaten hiçbir yanlış anlaşılma kalmaz ki diye bu konuyu açmaktan vaz bile geçmiştim.

Biliyorum, bazen çok sevmek insanı fazlasıyla hassaslaştırıyor. Seni de beni de yoruyor bütün bu mesafeler, engeller... Ama bitecek biliyorum, biliyorsun. Bütün bu yorucu, yıpratıcı engeller ortadan kalktığında, üzerimizden tonlarca yük de kalkacak. Kendimizi kuş gibi hafiflemiş hissedeceğiz ve bu gerilimin yarattığı küçük kırılganlıklar ortadan kalkacak. En büyük dertler bile, birbirimize baktığımız anda kendiliğinden ortadan kalkacak. O günü bekliyorum. Biliyorum, bugün senin için de geçmek bilmiyor, bana olan sitemin için kendine sitem ediyorsun şu an biliyorum. Geçecek sevgilim, geçecek. Seni seviyorum.

***Deniz ve Mavi***

*Maviye sırrını sormuşlar*
*Susmuş, utanıp Deniz demiş*
*Denize sırrını sormuşlar*
*Denizin mavisi renk değiştirmiş...*

# İçimdeki çocukla söyleşiler

Psikologlardan kişisel gelişim uzmanlarına kadar herkesin ağzında bir "içinizdeki çocuk"tur gidiyor. Özellikle psikoloji bilimi, insanların kişiliğinin ana hatlarının çocukluk yıllarında şekillendiğini, bugünkü hayatlarını çocukluklarındaki deneyimlerinin şekillendirdiğini söylüyor. Haliyle bugünkü hayatımızdaki temel pek çok sorunun köklerinin de çocuklukta atıldığını söylüyor.

Şu ara okuduğum kitaplardan birinde, "İçinizdeki çocukla konuşun, ona sorular sorun" diye bir cümleyle karşılaştım. Bir yetişkin olarak bugünkü dertlerimizden birini, kendi çocukluğumuzu karşımıza alıp konuşmamızı öneriyordu kitap. Aslında son derece ilginç bir fikir. Hatta son derece eğlenceli bile olabilir. Niye dememeyim ki? Kendi çocukluğumla konuşurken, ona Deniz de diyeceğim, Yıldız Gözlü Çocuk da diyeceğim. Nedendir bilmiyorum, böyle seslenmek geldi kendi çocukluğuma... Bunu içimden geçirdiğim an, gözlerimde küçük yıldızlar yandı söndü, sanki gülümsetti bu fikir beni.

Kendi çocukluğumla söyleşeceğim. Nasıl başlayacağımı pek bilmediğim bu konuşmayı, bugünkü en temel dertlerimden biri hakkında ona fikir sorarak başlatmak istiyorum. Bakalım, bu konuşma nereye gidecek, belki de daha önce kendimde hiç fark etmediğim bir şeyleri fark edeceğim. Eğlenceli başlayan bu konuşma umarım, hem beni hem de ufaklığı üzecek yerlere gitmez. Denemeden bilemeyiz.

"Biliyorum, canın sıkılıyor arada bir, değil mi?"

"Evet, ama sıkıntıyı üflüyorum geçiyor."

"Ne demek o? Nasıl üflüyorsun da geçiyor?"

"Hey sıkıntılar, gelin buraya diyorum avucumu açıp..."

"Eeee sonra?"

" ..." (çocuk gülümsüyor)

"Ama çok merak ettim."

"Onlar da toplanıp geliyorlar, suratlarını asıp. Önce avucumu kapatıyorum sıkı sıkı, sonra şimdi ben üfleyince, çekip gideceksiniz. Başka yerde oynayın diye kızgın kızgın söyleniyorum onlara. Onlar da gidiyor. Gelemiyorlar o yüzden."

"Hımm anladım. Korkuyor yani sıkıntılar senden..."

"Var mı böyle başka başka, böyle değişik oyunların meleğim?"

"Var da gelmiyorlar şimdi aklıma..."

## Kahveli pastalı konser

Burada sürekli bir sirkülasyon hali hâkim. Biri açığa gidiyor, biri tahliye oluyor, birinin cezası az; biri itiraz ediyor, ilk mahkemede haklı çıkıp hoşça kal diyor bize. Kimi de hayal kırıklığına uğruyor tabii. Her itiraz haklı da olsa her zaman kabul görmüyor, tıpkı benimki gibi. Onlar da burada yaşamaya alışıyor ister istemez.

Bu sürekli hareket hali biraz yorucu da olsa, onu da bir eğlenceye çevirmeyi başardık. Günlerimiz, her şeye rağmen iyi geçsin; acılar, özlemler biraz olsun hafiflesin istiyoruz çünkü. Her tahliyeyi mini konserlerle kutluyoruz. Konserlerimiz de kuru kuru değil üstelik. Bisküvileri kakaolu kremayla karıştırıp mozaik pasta yapıyoruz. Sosu döküp mini mini pastalar yapıyoruz, yanına kahvemizi de aldık mı değmeyin keyfimize... Bu konserler daha ziyade repertuarı dinleyicilerin belirlediği istek günleri aslında. Ben söylemekten, onlar dinlemekten, eşlik etmekten memnun, kimi zaman gözlerimiz yaşarıyor hüzünlü şarkılarda, kimi zaman anlık neşelerimiz zirvede, eğlence tavan.

O konserlerden birine hazırlanıyorum. Cezaevindeyim diye konsere bakımsız çıkacak değilim ya. Hafif bir makyaj yapıveriyorum, rahat ama renkli bir kıyafet seçiyorum kendime. Pastalarımız, dondurmalarımız çoktan hazır, Türk kahvelerinin dumanı üzerinde. Ha çekirdekleri unutmamak lazım. Çekirdeğin tek şartı var. Konserden sonra çitlenecek. Burada çekirdek en revaçta abur cubur. Ben de alıştım çekirdek çitlemeye desem yeri var. Tek sıkıntısı kilo aldırması ama onun da çaresi var. Bol bol hareket edip küçücük bir alanda devamlı yürümeye ve abur cuburu fazla kaçırdık mı bir sonraki gün yediğime içtiğime dikkat etmeye çalışıyorum.

Son büyük konserime sadece saça başa, kıyafete dikkat ederek hazırlanmadım tabii, konser nerede olsa konserdir. Mini bir repertuar hazırladım. Repertuarın en gözde şarkıları "Büyümüşsündür" ve tabii ki "İsyan". Bir arkadaşımızı bu şarkılarla uğurlayacağız Eskişehir Açık Kadın Cezaevi'ne. Bir saat kadar onlar ne isterse onu söylüyorum, arada da kendi özlediğim şarkıları...

Şarkılar, yine duygularımızın tercümanı. Şarkılar, isyanların en güzel telaffuzu. Şarkılar, kalbimizde açılan yaraları hatırlatan, yine onları en iyi onaran. Özlediklerimizle bir an olsun buluşmuş hissettiren, birkaç dakika da olsa, prangalarımızı unutturan, duvarları kıran, bize çok özlediğimiz özgürlüğümüzü hatırlatan şarkılar iyi ki var. İyi ki, burada bu güzel kadınlar var ve iyi ki onların hayatlarında da küçük de olsa güzel izler bırakabiliyorum.

Sahneden arkadaşlarımın arasına iniyorum... Bana ayrılan, çok kısıtlı malzemeyle yapılmış ama belki de bu yüzden tadını asla unutmayacağım kadar güzel kılan pastamı uzatıyorlar, teşekkürler alkışlar baya bir devam ediyor. Ben de konserimi anlamlı kılan bu güzel ve hüzünlü kadınlara teşekkür ediyorum.

Pastamız, kahvemiz ve çekirdeklerimizle kaynatmaya başlıyoruz. Arkadaşım, hoşça kal. Gidenin de kalanın da yolu açık olsun. Zor günler su gibi akıp geçsin, özgürlüğe kavuşsun, kuş gibi özgür ve mutlu olsun buradaki bütün kadınlar...

## Darbe girişimine dört duvar arasında tanık olmak

15 Temmuz 2016... Tüm Türkiye'nin hafızasına kazınan kâbus gecesi... Ülkenin en doğusundan en batısına kadar herkesin elbirliğiyle demokrasiyi korumak uğruna kendini tankların, topların önüne attığı; atamayanlarınsa evlerinden hayır duaları ettiği o uğursuz gece bir cezaevinde nasıl geçti hiç düşündünüz mü?

Dışarıda değildim, dışarıda olsaydım da zor olurdu ama biliyorum ki dışarıda olsaydım, bundan bin kat daha kolay geçecekti o kara gece. Hayatımda en çaresiz, en korku dolu geçirdiğim gece buydu desem yeri var. Niçin? Anlatacağım hepsini tek tek.

Diderot'nun, "İnsanlar ikiye ayrılır. Tanıdıkça büyüyenler ve tanıdıkça küçülenler" sözü aklıma geliyor o geceyi ve o gecenin sözde kahramanını düşündükçe...

Tanıdığımızı sanıp milletçe koynumuzda beslediğimiz yılanların nasıl büyüyüp adeta bir ejderhaya dönüştüğünü ve gücünü topladığında nasıl üzerimize alçakça saldırdığını düşündükçe... Farkına varamamışız, memleketin dört yanı yılanlarla sarılmış.

Size, o korkunç gecenin cezaevinde nasıl yaşandığını dakika dakika anlatacağım demiştim ya, aslına bakarsanız o gece yaşadıklarımızın kelimelerle tam olarak anlatılması imkânsız. Yine de deneyeceğim, Allah bir daha milletime yaşatmasın dediğim o geceyi anlatmayı. Gece saat dokuz, dokuz buçuk sularında buradaki en kıymetli can yoldaşlarımdan Türkan Ablamla birlikte kahve içip dertleşiyorduk dünyadan habersiz. Havadan sudan, her zamanki dertlerden falan bahsediyoruz. Bir arkadaşımızın heyecanla, "Boğaziçi Köprüsü'nü askerler kapatmış" cümlesiyle bölündü sohbetimiz.

Türkan Abla da ben de şaşkın şaşkın, "Ne, noolmuş?" diye soruyoruz. Bir de arkadaşın Ankaralı oluşu geliyor aklımıza, yanlış duymuş olmasın. Niye askerler kapatsın ki köprüyü diye düşünürken çoktan harekete geçiyoruz, neyin ne olduğu öğrenmek için. Hepimiz odalarımıza doğru dağıldık, bize söylenilen şey öyle tuhaftı ki, herkes odasına bir an önce gidip televizyondan neyin ne olduğunu anlamak için adeta sözsüz bir biçimde anlaşmıştı.

Açtık televizyonları, haber kanallarını gezmeye başladık bir bir, NTV, CNN, sonra diğer kanallar... Gördüklerimiz inanılır gibi değil. Saçma, hatta çok gerçek olamayacak kadar saçma ve bir o kadar ürkütücü. Köprünün Avrupa gidiş yönünde tanklar; kamuflajlarını, silahlarını kuşanmış askerler... Endişelenmemek ne mümkün! Şaşkınlık her duygunun üstünde.

Hepimizin aklına ilk olarak İŞİD saldırısı ihtimali geldi. Malum sürekli Türkiye'ye küstah tehditlerde bulunup, bu ölçüde olmasa da saldırılar gerçekleştiriyor, insanlarımıza kıyıyorlardı. Bu alçaklar bir saldırı gerçekleştirecek galiba, askerler de önlem aldı diye düşündük. Neredeyse hepimiz bir anda bu fikre inanmıştık. Kimin aklına gelir ki, Mehmetçiğimizin silahını kendi halkına doğrultacağı. Fakat her şey gerçeküstü bir şekilde hızla akıyor, saçmalık giderek daha büyük bir saçmalığa dönüşüyor, televizyonlardan yeni bilgiler hızla akmaya devam ediyordu.

Ankara Gölbaşı'nda askerleri gördüğümüz anda terör koğuşlarından gelen sesler televizyonun sesini bastırmaya başlıyor. Kapılara vuruyorlar, şiddetle, onlarca insanın birden metal kapıları yumruklamasına sloganlar eşlik ediyor. Cezaevi bu kez terör mahkûmlarının kaldığı koğuşlardan gelen seslerle inlemeye başlıyor. Televizyonlarda, rüyamda bile göremeyeceğim görüntülere bu sesler eşlik ediyor. Tam bunlar olurken birden televizyonlarımız ikinci bir emre kadar yasaklandı. Artık içimdeki korku ve endişe midemde sürekli dönen somut bir topa dönüşmüştü. Döndükçe hızlanan, hızlandıkça büyüyen bir endişe topu tam da karnımın ortasındaydı.

Televizyon, yani dış dünyadan bilgi almamızı sağlayan tek araç da elimizden alınmıştı işte. Çıldırmamak işten bile değil. Hepimiz, dışarıdaki sevdiklerimiz ve ailelerimiz için endişeliyiz, neler oluyor, bilmiyoruz... Belki de Türkiye daha önce hiç tanık olmadığımız bir felakete sürükleniyor ve bizim saniyeler içinde değişen gelişmelerden haberdar olmamız bile yasak. Butonlara basarak görevlilere sesimizi duyurmak için elimizden geleni yapıyoruz, tek derdimiz telefon hakkımızı kullanmak ve ailelerimizden gelecek iyi haberleri duymak ama ne mümkün... Ne gelen var ne giden... O gece görevli başmemur Semra Hanım ve tüm ekibinin neler çektiğini ve gözlerindeki derin endişeyi size tarif bile edemem, çok zordu çok...

Bütün bunları düşünürken, yeri göğü inleten, terör koğuşunda kapılara vurup slogan atanların seslerini bastıran bir ses duymaya başlıyoruz. Allahım neler oluyor, sesler giderek daha büyüyor, daha yaklaşıyor... Göğü yırtan, yeri sarsan bir ses bu. F-16'lar tepemizde sortiler yapıyormuş... Allahım savaş uçakları... Ama bu uçaklar, bizim ordumuzun, niye bu toprakları bombalıyor diye düşünüyoruz o an. Onları kullanan pilotlar hepimizin evlatları değil mi? Ne, bir de bombalar mı atıyorlarmış? Kulaklarımla duyduklarımla, gözlerimle gördüklerime inanamaz oluyorum. Hepimiz aynı şok durumunu yaşıyoruz.

Bizim ordumuzun mensupları bizim topraklarımızda silahlarını kendi insanlarına doğrultmuş, bayramlarda gösterilerini hayranlıkla seyrettiğimiz uçaklarımız, bizi mi bombalıyor ya da biz uçağın sesini bomba mı sanıyoruz. Her şey birbirine girmiş durumda kafamızda. Sevdiklerimiz için endişelenirken birden dört duvar arasına böcek gibi sıkıştığımızı hatırlıyorum. Ya burayı da bombalarlarsa, kaçacak yerimiz bile yok. Her yer demir bariyerlerle kapalı. Bundan daha kahredici bir son olabilir mi?

Kadınların çığlıkları sağlıklı düşünmemi engelliyor, insanlar korku içinde bağırıp çağırıyor, dört duvar arasında bir oraya bir buraya koşup, içinde bulundukları duruma lanet okuyup, bundan kurtulmak için, kendileri ve sevdikleri için dualar ediyorlar.

Allahım ailemi, sevdiklerimi görmeden, her gün kavuşma hayalini kurduklarıma bir kez olsun sarılamadan, esarete mahkûm edildiğim bu yerde, kendi ülkemin uçaklarının attığı bombalarla böcek gibi kapana kısılmış bir halde mi öleceğim? "Allahım ne olur yardım et bize," diye mırıldanıyorum. "Ne olur Allahım annemi görmeden ölmek istemiyorum," dediğimi hatırlıyorum. Aklım durmuş gibi... Birden tespihime gidiyor elim. Sanki zor anlarımda, Allah'ın adını anarak dualar ettiğim tespihim elimdeyken daha güvende hissedeceğim kendimi. Reflektif olarak Ayet-El Kürsi okumaya başlıyorum.

Sonra aklıma odamdaki küçük el radyom olduğu geliyor. Antenini parmaklıklar arasından uzatarak Gezegen Mehmet'in Kral FM'deki yayınını dinlemeye başlıyorum. Duyduğum hiçbir sözcük endişemizi azaltmıyor, aksine korkumuzu daha da büyütüyor. Ülke bir anda bir delilik dalgasına teslim olmuş gibi...

"Felaketlerin ardı ardına kesilmiyor bu gece" diye düşündüğüm an, olabilecek en tuhaf şeylerden biri oluyor. Çat... Birden karanlığa gömülüyoruz. Elektrikler kesildi. Bu gece bir kâbus olsun istiyorum, birden uyanayım ve bunların hepsinin kötü bir kâbus olduğunu fark edeyim istiyorum. Normalde elektrikler kesilse bile jeneratör devreye girer, koridorlardaki ışıklandırmalar mutlaka çalışıyor olurdu, fakat onlar da gitmiş. Cezaevi zifiri karanlık. Elektriklerin kesilmesi ve karanlığa gömülmemizle birlikte bütün sesler de susuverdi aynı anda. Sadece el radyomdan ve diğer mahkûmların uzaktan gelen radyolarının cızırtılı sesi. Radyoyu da kapattım, neler olduğunu anlayabilmek için.

Jeneratörün gürültüyle devreye girmesini bekliyoruz ama o da yok. Her zorluk bir icada neden olur derler ya tam o hesap, bizim mucit bir arkadaşımız vazelin ve yorgan ipiyle mum yapıp odamızın karanlığında küçük bir ışık yaratmayı başardı. O cılız, tuhaf kokular saçan muma ne kadar sevindiğimizi, o küçücük ışığın o korku iklimini bir anda nasıl yumuşattığını anlatamam. Azıcık ışığa bile muhtacız bütün bu kâbusun içinde. 30 saniye kadar her şeyi unutup o küçücük ışık bizi mutlu etmeyi başarmıştı. Karanlığın içinde, "Allahım bizi kurtar" çığlıkları ve demir kapılara vurulan yumrukların, tekmelerin gürültüsü tüm hızıyla devam ediyordu.

Hayatımda hiç bu kadar çaresiz, bu kadar şaşkın ve korku içinde olduğum bir anı hatırlamıyorum, üstelik başıma gelen onca felakete rağmen. Radyoyu da tekrar açtığımızda, Cumhurbaşkanımızın halkı sokağa çağırdığını duyuyoruz. Çağrının hemen ardından halk beklenen cevabı veriyor. Bunu da radyodan duyuyoruz. Bayrağını kapan, her görüşten, her yaştan insan sokaklara çıkıyormuş, halkın silahlarını halka doğrultanların önüne insanlar demokrasiyi korumak için kendilerini siper ediyor. Halkım kendine kast edenlere gereken dersi vermek için bedenini siper ediyor. Her musibetin içinde hayrı barındıran Rabbim bu karanlık geceyi aydınlığa çevirecek gücü nasıl da veriyor? Yavaş yavaş bu karanlık gecenin aydınlık bir sabahı olacağına az da olsa inanmaya başlıyoruz.

Kadınlar da sokaktaymış, her yaştan kadın, aslanlar gibi geleceğin daha aydınlık olması için, belki de eşi benzeri görülmemiş bir cesaret örneği sergiliyormuş. Evlatlarını alan anneler, torunlarını alan büyükanneler varmış sokaklarda. Hatta bir kadın tankın üzerine tırmanmış, "Bizi ezip geçmeden olmaz," diyerek. Bir kâbusun ortasında nasıl gurur verici manzaralar bunlar. Göremesek de gözümüzün önünde canlandırıyoruz her duyduğumuz sahneyi.

Allahım nasıl da isterdim bayrağımı alıp sokağa çıkmayı. Mahkûmduk ama koğuşlarımızdaki bayrakları alıp, bize, ülkemizin geleceğine kast edenlerin karşısına çıkmayı nasıl da istiyorduk hepimiz. O andan itibaren kendimize, sevdiklerimize dair duyduğumuz korkular aldığımız haberlerle cesarete dönüşmüştü. Bütün bunlar oluyorken, çaresizce beklemek nasıl da ağır geliyordu.

Meclisin bombalandığı haberiyle başımıza yıkılan dünya, milletimin iradesi ve cesaretiyle nasıl da yaşanılır bir yere dönüşmüştü yeniden... Bu kez dualarımız şükre dönüştü. Sabah olduğundaysa kâbus bitmişti. O dehşetli korku, yerini o korkunç olaya alet edilen gencecik, dünyadan habersiz, göreve gidiyor diye halkının üzerine salınan Mehmetçiklerimize duyulan üzüntüye terk etti. O günahsız gencecik erlerimiz; dualarla, vatanına kurban olsun diye ellerine yakılan kınalarla askere uğurlanan ana kuzuları serbest kalsın lütfen diye dua etmeye başladım. Halleri perişanmış. Halk fena halde hırpalamış, çocuklar tutuklanmış. Ama pek çoğunun ne için sokağa çıktığından bile haberi yokmuş. Görev deyip, kışlalarından alıp, halkın karşısına sürmüşler masumları. Kurunun yanında yaş da yanmasın lütfen bu kez. Onlar o kadar küçük ve günahsız ki. Bir an önce onların da, koskoca bir ülkenin de bu travmayı atlatmasını diliyorum.

Yaşanılan bu felaket, bize iki şeyi hatırlatıyor: Bu millet demokrasiyi kolay kazanmadı, o yüzden kolayca kaybetmez, ne kadar parçalansak, ne kadar dağılsak da bu ortak değer hepimizi buluşturur. Milletim, belki de dünyadaki en cesur insanlardan oluşur. En sakin, en rahatına düşkün görünenimiz bile söz konusu vatanı olduğunda, gerisini teferruat kabul eder. Ha unutmadan, bu millete kast eden kim olursa olsun, cezasını bulur. Bunu biliyor, tüm kalbimle buna inanıyorum.

Biz küllerinden doğmayı bilen bir milletin fertleriyiz. En beklenmedik anlarda birleşir, düşmana gereken cevabı veririz alimallah.

## *Cumhuriyet hepimize lazım*

Cumhuriyet Bayramı bugün. 30 Ağustos. Uzunca bir süredir gerek kendi içimdeki, gerekse ülkemdeki ve dünyadaki çalkantıları düşünüp duruyorum. İnsan bir kere irdelemeye başlamaya görsün. Ben içinde bulunduğum zor günleri düşündükçe, daha doğrusu zorlukları düşünmekten vazgeçip, nedenlerini sorgulamaya başladığımda, kişisel hatalarımı masaya yatırmaya başladım. Üstelik bunu suçlayıcı bir dille değil, objektif olarak yapmaya, mümkün olduğu kadar kendime objektif bakmaya çalışarak. Önemli olan mevcut sorunlar için kendimi suçlamak değil, hatalarımın farkına vararak, bu hatalara yol açan düşünce ve davranış kalıplarını değiştirmek istemiştim.

Dediğim gibi insan irdelemeye başlamaya görsün. Kendimdeki hataların farkına vardıkça, ister istemez, etraftakileri de daha farklı bir gözle inceler oldum.

Dünyada ekonomik imkânlar geliştikçe, teknoloji ilerledikçe, her geçen gün önemli bir hastalığa yeni bir tedavi bulunurken, insanlar mutlu olmak yerine derin bir mutsuzluğa sürükleniyorlardı. Yeni mutsuzluklar, artan depresyonlar, kitlesel ya da bireysel ölümlere yol açan öfke krizlerine dönüşüyordu. İnsan ilişkileri hızla arttıkça, yalnız insanlar ordusu oluşuyor, bu yalnız insanlar mutsuzluk içinde yaşıyor ve kendi mutsuzluklarını bulaştırıyorlardı.

Dünya belki de en hasta çağını yaşıyor diye düşünürken buldum kendimi defalarca. Ülkem hiç olmadığı kadar ağır bir duygusal parçalanma yaşıyor. İnsanlar; benim ortak değerim bu topraklar, bu toprakların tarihi ve bu toprakların içinden yeşeren değerler demekten çoktan vazgeçmiş durumda. Herkes biz ve karşımızdakiler şeklinde tuhaf ve ayrıştırıcı bir dille konuşuyor. Herkes kendisinden olmadığını düşündüğüne düşmanlaşmış.

Kadınlar, en çok ezilenler her zamanki gibi. Dışardaki istediği şekilde patlayamayan öfkeli adamlar, eşlerini yok ederken en ufak bir tereddüt yaşamıyorlar. Trafikteki en ufak bir tartışma, birden cinayet nedenine dönüşüyor, çünkü insanlar öfkeli, tatminsiz ve kamplara ayrılmış durumda. Bütün bu kamplaşma, en çirkin sözlerle bile dindirilemeyen öfke hızla büyük patlamalara dönüşüyor.

Herkes haklılığında ölesiye, öldüresiye emin. Herkes en haklı. Herkes birbirine düşman. Bütün bu durum, uzaktan izleyenlerde derin bir dehşet ve endişe dalgası oluşturuyor. Hele ki bu toprağa, bu toprağın insanına derin bir aidiyet hissediyorsa, yüreği korkuyla doluyor insanın. Oysaki biz demenin gücünün bir farkına varabilsek... Kendimizden olmayanı aşağılamaya, örselemeye, yaralamaya, hatta yok etmeye niyetlenmesek. Oysaki karşımızdakinde gördüğümüz farklılığı bir gökkuşağını oluşturan renklerden biri kabul etsek... Ne bu öfke kalacak ne de mutsuzluk. Ama insanlar niyeyse, başta en kolay olanı, yani öfkelenmeyi ve düşman olmayı tercih ediyor ve bu yolla hayatlarını cehenneme çeviriyorlar. Üstelik sadece kendi hayatlarını değil, önce evlerini, yaşam alanlarını sonra da koskoca ülkeleri ve hatta dünyayı.

Öfke başta en kolay yol, düşman ilan etmek en basit seçim. Ama ya sonrası... Sonrası parçalanma, gözyaşı, kan revan. Bütün bu manzaraları bir kez daha hüzünle izliyorum bugün. Kalbim acıyarak. Ama bir yanıyla da umut duyuyorum takvimler 30 Ağustos'u gösterirken. Bugün bu milletin yeniden doğuşunun yıldönümü. Bugün, yeni ve güçlü Türkiye'nin mihenk taşlarından biri.

30 Ağustos 1922'de Büyük Taarruz gerçekleştirildi. Bugün ülkemizin işgalci kuvvetlerden kurtarılmasının en önemli adımlarından biri atıldı. Ardından tam bir yıl sonra ise Cumhuriyet ilan edildi. Cumhuriyet bir milletin tekrar şahlanışıydı. Ve bu şahlanış, bu topraklara ait olan insanların, aynı değer yani vatan sevgisi etrafında, din, dil, ırk, mezhep, kadın, erkek ayırt etmeden, yan yana yürek yüreğe mücadele etmesi sonucu gerçekleşti. Sen, ben, kadın, erkek hatta çocuk bile yoktu. Bu ülkeyi seven, insanını seven ve kendilerine, "biz" diyen insanlar vardı.

Dünya tarihinin en büyük imparatorluklarından biri büyük bir enkaz haline dönüşüyordu o günlerde. Topraklarımız dönemin en büyük güçleri tarafından pay edilip işgal edilmişti. Ülkede bir topluiğne bile üretebilecek fabrika yoktu. Daha da acısı, açlık vardı Anadolu topraklarında. Yiyecek ekmeği bile olmayan insanlar ülkesini kurtarmak için bir araya gelerek bir mucize gerçekleştirdiler. Bu mucize de sömürge halinde yaşamak zorunda olan halklara ilham oldu.

Bizim kurtuluş öykümüz başka ülkelerin özgürleşmesi için bile güç kaynağına dönüştü. O zaman bugün içinde bulunduğumuz duygusal parçalanmayı, kamplaşmayı haydi haydi çözebiliriz. Darbe girişimi gecesi bunu bir kez daha kalbimde hissettim. Milletim tehdit altındayken, tek yüreğe dönüşebiliyordu. Yeter ki bir daha tek yürek olabilmek için çok ağır deneyimler yaşamayalım, yeter ki bizden farklı olan kardeşimizi hayatın bir rengi olarak kabul edelim. Önce kendimizi ardından da komşumuzu sevelim. Bu ülke hepimizin.

Bugün işte böyle yüksek, coşkun duygular içindeyim. Bugün bana hâlâ umut veren Atatürk'e de minnetimi ifade etmek istiyorum. Canım Atatürküm. Sen olmasaydın, ben olmazdım diye düşünmekten alamıyorum kendimi. Bu öyle ezberden söylenmiş bir söz de değil. Büyük olasılıkla Kurtuluş Savaşı'na önderlik etmeseydin, bu ülke darmadağın olacaktı ve atalarım ya dünyaya gelmeyecek ya da bambaşka kaderler yaşayacaktı. Bu aslında bu kadar basit.

Bir kadın olarak da ayrıca sana minnet borçlu hissediyorum kendimi... Ülkenin kaderini tayin etme noktasında seçme ve seçilme hakkına sahip oluşumdan, bugün mesleğimi yapabiliyor olmama, sokakta istediğim gibi gezebilmeye kadar pek çok hakkı senin sayende aldık canım Atam. Bu ülkeyi, bu bayrağı, bu milleti ve bu milletin bir arada durmasını sağlayan yüce Atatürk, sizi çok seviyorum.

## Mutfak hiç bu kadar eğlenceli olmamıştı

*"Dans benim varlığımın bir parçası sayılır. Benim içimde ama aslında benim irademin dışında başlı başına bir varlık olarak sürdürüyor varlığını. Beni ondan koparıp almayın. Yoksa en katıksız, en yüce parçamı öldürmüş olursunuz."*

– Isadora Duncan

Murathan Mungan, kadınları anlattığı *Yüksek Topuklar* isimli kitabında, "Kadınlar esir alındıkları yeri korundukları yer sanırlar. Kadınlar için hem siper hem sığınaktır mutfak ve her zaman sıcak bir yuvanın içimizi ısıtan sembolü anlamına da gelmez, yaşayan ölüler haline gelmiş kimi kadınların morgudur aynı zamanda. Toprağa serilene kadar bekledikleri yerdir. Bilirsiniz bedenler sonradan ölür" sözleriyle anlatmıştı mutfağı.

Nereden çıktı şimdi yazar, şair alıntılamak demeyin... Mutfak benim için burada bambaşka bir anlam kazandı. Ama açık konuşmak gerekirse ben mutfağı Murathan Mungan'ın anlattığı kadar karamsar bulmuyorum. Hatta mutfağı; deneye, yeniliklere açık bir yer olsa da hiç bu kadar eğlenceli bulmamıştım. Tamam, burada zaman zaman kendi yaptığımız yemekleri yiyoruz ama ilk anda anlaşıldığı gibi değil. Yani kendi kendimize istediğimiz, özlediğimiz bazı yemekleri yaptığımız doğru ama bu kez ondan bahsetmeyeceğim.

Cezaevlerinde, hükümlü ve tutukluların kendilerini geliştirmesi için bazı atölyeler ve kurslar olduğunu duymuşsunuzdur. İşte tam da onlardan söz ediyorum. Aşçılık kursuna başladım. Mutfak, burada hem sığınak hem siper oldu ama asla morg değil. Aksine, kurs hocam Zeynep Hanım çok tatlı, çok lokum ve ufaktan ufağa morga dönüştüğünü hissettiğim mahpusluk hayatıma bambaşka bir renk, bambaşka bir eğlence kattı. Kendimi hem işe yarar hissediyorum, hem eğleniyorum hem de yarın öbür gün evimde, sevdiceğime yapmak isteyeceğim yeni yemekler öğrendim.

Allah Allaaaah, nasıl bir yemek kursu bu kadar eğlenceli bir hal aldı demeyin. Şimdi anlatacağım. Önce burası çok dilli, çok kültürlü bir mutfak. Büyük ihtimal, başka koşullarda asla tanışmayacağım insanlarla tanışıyorum, hem de bambaşka. Yine büyük ihtimal hiç öğrenmeyeceğim yemekleri tadıp, sonra da yapımını öğreniyorum. Bu uluslararası mutfakta Türk yemeklerine dair detayları, minicik püf noktalarının nasıl lezzetlere lezzet kattığını ama bunun yanı sıra Brezilya, Güney Afrika, hatta Tanzanya'dan bile tatları tanıyıp onları öğreniyorum. En tanıdık lezzetler, her ne kadar orada uzun süre kalmamış olsam da Amerika'dan, Kaliforniya'dan geliyor. Düşünün yani burası rengârenk bir mutfak.

Tabii ki kurs yönetimi bize Afrika ve Amerika mutfağının detaylarını anlatıyor değil ama saydığım o tüm ülkelerden kadınlar var bu kursa devam eden. Yani yemekleri, sonradan öğrenen yerli aşçılardan değil, bizatihi o yemeklerin ana vatanlarından gelen kadınlardan öğreniyorum. Tabii ki Türkiyeli arkadaşlarım da var. Hep beraber burayı bir partiye çeviriyoruz. Unlar, yumurtalar, domatesler, soğanlar arasında gülümsemeyi tekrar öğreniyorum. Kadınlar ne yetenekli yaratıklar aslında. Ne güçlü ve ne neşeli varlıklar... Koşullar ne kadar kötü olursa olsun hayatı yaşanır kılacak bir şeyler bulmayı, bulmazsa yaratmayı beceriyorlar. Bu çok dilli mutfağın bana kattığı şeylerin başında bir de yabancı dilimi geliştirme fırsatı yaratması. Çünkü yabancı arkadaşlarla iletişim için kullandığımız dil mecburen İngilizce. R., P. ve T.'le İngilizce iletişim kuruyoruz. Tabii ki sadece İngilizce konuşarak ve yabancı bir iki kızla tanıştığım için bu kadar eğleniyor değilim.

Afrikalı ve Brezilyalı arkadaşlar, belki de sıcacık bir iklimin insanı olmanın getirdiği bir sıcaklık taşıyorlar. İçleri her daim fıkır fıkır, birazcık neşelenmeye görsünler. Bir bakıyorsunuz, minicik minicik salsa, samba, çaça figürleri çıkmaya başlıyor tezgâh başında... Gözleri ışıl ışıl kızlar hepsi. Hayat onlara kötü bir oyun oynasa da neşelerini korumayı başaran bu kızlara ben de ayak uyduruyorum. Ufaktan başlayan figürler şarkıların sesi yükseldikçe, baya baya partiye dönüşüyor. Hatta dans koreografisi ve repertuarı doğaçlama, anında beliren bir konsere. Daha önce hiç bu kadar çokuluslu bir konser ekibi oluşturmamıştım desem yeri var. Hem hamur yoğuruyorum, hem dans edip hem de şarkı söylüyorum. Buradan zihinsel olarak nasıl da uzaklaşıyorum, hiçbir şey düşünmüyorum. Dans edip şarkı söylerken, zaten sağlam bir yapısı olan mutfak bilgimle ufak ufak bir şefe de dönüşüyorum. Daha ne isterim ki, şahane.

Dans edip şarkı söylerken burada daha önce hiç olmadığı kadar kendimi mutlu hissediyorum. Kahvaltı için bol yeşillikli, çıtır çıtır rokalı, bol maydanozlu, dereotlu kaşarlı ekmek yaptık. Sonra hamur mayaladım. İyice yoğurdum. Dinlenmeye bıraktım. Hamur dinlendi, ben kızlarla dans ettim. Daha önce hiç duymadığım şarkılara eşlik etmeye çalışarak... Hepsi bu mu?

Aşçılık kursunda tanıştığım P.'yle yoga yaptık. Sonra da bizden onlara armağan olan bir tatla yorgunluk çıkardık. Yaptık en köpüklüsünden Türk kahvelerini. Öğlen koğuşa bir uğrayıp hemen mutfağa koştum. Demini almış hamura iç harç hazırladım. Dereotlu kaşarlı bir poğaça yaptım kurs arkadaşlarım için. Yanına da bir yalancı tavukgöğsü... Baya baya hamarat bir kadın oldum çıktım. Hatta alternatif formüller üzerinde bile çalışıyorum. Bir ara hocamıza bu yalancı tavukgöğsüne un yerine pirinç unu konulabilir mi diye soracağım, çünkü mutfakta un var ama koğuşta un yasak. Bu arada P.'nin hazırladığı sos da tavuk göğsümüze ayrı bir tat kattı. Öğrenmek lazım. Tam onlara şarkı söyleyecektim ki, Suna geldi. Başsavcılık ofisindeki aşçı hanım meğer benim büyük hayranımmış. Benimle tanıştırmak için onu yanında getirmiş. Bu hanım bana bakıp bakıp, "Ne güzelsin, tıpkı mermer gibi," dedi. Nasıl tatlı, nasıl içten bir söyleyiştir o.

Güzel olduğumu, hâlâ beğenildiğimi duymak bana nasıl iyi geldi anlatamam. Üstelik bugün kendimi nasıl da bakımsız, nasıl da yorgun hissediyordum. Mutfak partisi üzerine, bu güzel iltifat ilaç gibi geldi. Üstelik bu beni bekleyen sevdiklerimden ya da her halimi güzel bulacaklarına emin olduğum fan kulüp üyelerimden gelen bir iltifat değildi. Yani bugün beni ilk defa gören bir göze gerçekten güzel göründüğüme emin oldum.

Bu arada ilk kez bir İngilizce şarkı yazdım. Çokuluslu mutfağımızda İngilizce pratiklerimin faydalarından biri de bu oldu. Biraz ilkokul ayarında ama olsun, önemli olan ilk adımı atmaktı. Ben ilk adımı attıktan sonra yolu önce yürüyüp, ardından koşanlardanım.

"If you want
A new change
Only patience (only once)
I promise you/Pure life" böyle böyle gidiyor.

## *Oprah'la arkadaş olduk*

*"Hayatınız boyunca ettiğiniz*

*tek dua, 'Şükürler olsun'*

*ise yeterlidir."*

– Meister Eckhart

Burada olmanın insandan götürdüğü onca şeyin yanında kattığı şeyler de var, bunu inkâr edemem. Bunların başında da disipline bir biçimde okumak geliyor. Buradaki aşağı yukarı okuması yazması olan herkes, dışarıda hiç kitap okumamışsa bile okumaya başlıyor. Önce zorla, sırf vakit geçsin diye, sonra da severek, iştahla... Okumanın tadını bir kez alan, yeni kitap satın alacak, aldırtacak imkânı olmasa bile, gerek kütüphanedekileri gerekse arkadaşlarından istediği kitapları okuyor. Okudukça da kendini geliştiriyor; insanların dünyaya bakışını değiştiriyor, geliştiriyor okumak.

Ben de bolca, dışarıda olduğundan kuşkusuz çok daha fazla okuyorum. Üstelik okuma zevkim de çeşitleniyor. Eşin dostun gönderdiği bazı kitaplar, ilk bakışta okuma zevkime uyacaklarından şüpheli olduklarım bile birdenbire beni içine çekiyor. Bambaşka konularda kitaplar okuyorum. Bazıları derin izler bırakıyor üstelik. Bazı kitaplar da sanki hayatıma renk olsun, ışık olsun diye gönderilmiş gibi geliyor.

Mesela Márquez... Ne yazarsa yazsın derinden etkiliyor. Bambaşka bir farkındalık getiriyor her kitabı.. Zaten böyle bir misyonla dünyaya gelenlerden. Dünyanın her yerindeki milyonlarca okuru da benimle aynı fikirde... Ama beni derinden etkileyen, buradaki gündelik yaşamımı bile değiştiren ve bundan sonraki hayatıma ışık tutacağına emin olduğum kişilerden biri de Amerikalı siyahi talk showcu Oprah Winfrey...

Televizyon şovlarıyla önce Amerika'da ardından da tüm dünyada yeni bir akım yaratan bu minicik kadın, hayat öyküsüyle de, yazılarıyla da, kitaplarıyla da insanlara ışık tutuyor, ilham veriyor. Hayatının büyük bölümü, son derece ağır, hatta pek çok insanın yüreklerini parçalayacak türden. Amerika'nın yoksul mahallelerinden birinde dünyaya gelmiş.

Bugün milyonlarca doları ve neredeyse bir medya imparatorluğunu yöneten Oprah, dünya starlarının en yakın arkadaşı olmak için can attığı Oprah hayata 1-0 bile değil, belki 3-0 sıfır geriden başlamış biri. Sorumsuz bir anne babanın evladı olarak dünyaya gelmiş, yine yokluk içinde yaşayan büyükannesinin yanına bırakılmış; adeta fırlatılıp atılmış. Evden kaçmış, sokaklarda yatmış, cinsel saldırılara maruz kalmış, okula ara vermiş haliyle... Ebeveynlerinin yanına ölmemek, sokakta kim vurduya gitmemek için dönmüş daha ergenliğinin ortasında...

Hayali bile göz yaşartan bu olayların arasından çıkmayı başarıp, hayata tutunmak için okuluna devam etmek zorunda olduğunun farkına varmış. Sokaklarda başına bela olan güzelliği lise yıllarında işine yaramış. Bir güzellik yarışmasını kazanmış ve şansı da tam orada dönmüş; medyaya kapağı atıvermiş. Şans da tam bu sırada yüzüne gülüvermiş Oprah'ın... İyi ki de gülmüş, dünyada bir sürü insana ilham olmuş, şovlarıyla eğlendirmenin yanında.

Oprah'ı nasıl bu kadar yakından tanıdığıma gelirsek, elime bir kitabı geçti bu büyülü kadının. *Artık Biliyorum* isimli kitap resmen hayata bakışımı değiştirdi. Anlatı tadında, su gibi akıp giden cinsten bir kitap. Oprah başına gelen onca kötü şeyi geride bıraktıktan sonra, yaşadığı acı deneyimlerle acılaşıp, kalbi katılaşacağı yerde –ne yazık ki acılar bazılarını acılaştırıyor– dünyayı hazinelerle dolu bir serüven olarak tanımlıyor. Acı tatlı deneyimlerini bir istiridye gibi bağrına alıp birer inci tanelerine dönüştürmüş Oprah.

Kitabı adeta bir okul niteliğinde. Kitap pek çok açıdan ilham vermesinin yanı sıra, olayları algılayış noktasında bir farkındalık yaratıyor. Oprah da tıpkı Márquez gibi, yaşanılan olayların her birinin acısıyla tatlısıyla bir farkındalık yaratma amacını taşıdığını düşünenlerden. O da şükrün gücüne inananlardan. Onun o korkunç olaylardan sonra şifalandığını ve mesleki anlamda bir başkasının ulaşmasının çok zor olduğu zirvelere oturduğunu görmek bana da umut veriyor.

Bazen hayatta hiçbir şeyin gerçekten tesadüf olmadığına emin olmamı sağlayan olayları yaşıyorum. Her geçen gün yeni bir farkındalığa sahip olduğumu düşündüğüm şu günlerde, elime bu kitap geçiyor ve kitaptaki gibi bir şükür günlüğü tutmaya karar veriyorum ve pat diye birden içinde bulunduğumuz ayın Farkındalık Ayı olduğunu öğreniyorum.

Hayat, hakikaten ona gülümseyen yüzlerle baktığınızda size küçük ve sevimli sürprizler hazırlıyor. Bu sürprizler, kendinize inancınızı ve dayanıklılığınızı artırıyor. Bu gidişle dünya dayanıklılık rekortmenliğine başvuruda bulunacağım. Hemen kenarda tuttuğum yedek defterlerimden birini şükran günlüğü olarak ayırıyorum. Bir kararı verdiği an insan, onu sıcaklığıyla hayata geçirmeli. Üstelik o karar sizi motive eden, heyecanlandıran bir kararsa, hiç ihmale gelmez. Dumanı tüterken kararınızı yürürlüğe koymalısınız. Ben de öyle yapıyorum. Sizinle şükür defterime yazacağım ilk 5 maddeyi paylaşmak istiyorum.

*Şükür Defteri ilk gün*

*Yarın görüş günümüz. Bunu söylemek bile yüreğimi heyecanla dolduruyor. Kalbimin içindeki küçük kuş pır pır ediyor. Yarını iple çekiyorum. Şükürler olsun, her hafta ailem, aşkım, bir sürü vefalı dostum ve hayranlarım ziyaret ediyor. Hele fan kulübümün üyeleri öyle tatlılar ki, doğuştan olmasa da sonradan edindiğim kardeşlerim hepsi ve beni mutlu etmek için nasıl da çabalıyorlar. Yüce Rabbim kimseleri kimsesiz bırakmasın, buradaki kimsesizlere sahip çık Allahım, dışarıda kimseleri yoksa bile burada yeni bir aile kurmalarına, günlerini daha az azapla geçirmelerine yardımcı ol.*

*"Yalnızlıktan hoşlanan ya vahşidir ya da Tanrı."*
– Aristotales

***

*Hapiste olabilirim, şu an özgürlüğümden mahrum edilmiş olabilirim ama bir gün sevdiklerime kavuşacağımı biliyorum. Bu mahpusluk hali kalıcı değil. Bunları yazarken, müebbete mahkûm arkadaşlarım geliyor aklıma, bu sevincime biraz olsun hüzün karışıyor. Yine de şükürler olsun. Ol deyince olduran Allahım, onların acılarını da hafiflet, vakitlerini ağız tadıyla geçirmelerine imkân tanı.*

*"Kime dua kapısı açılmışsa ona*
*rahmet kapısı açılmıştır."*
– Hadis-i Şerif

***

*Bu imkânsızlıklar içinde bile ağzımızın tadı yerinde, mütevazı soframızda, şükürler olsun ki sevdiğimiz, afiyetle yediğimiz yiyecekler var. Bugün mesela nefis bir karnıyarık yedim. Tadı değme aşçıların elinden çıkmış gibiydi. Şükürler olsun Allahım. Bizi, bugünkü halimizden daha fazla zorlukla terbiye etme.*

*"Şükür nimeti arttırır."*
– Hz. Ömer

***

*Sadece dışarıda değil sevenlerim. Buraya geldiğim günden itibaren bir sevgi çemberiyle karşılandım. Önce, şarkıcı Deniz'i sevenlerle tanıştım, ardından içimdeki Deniz'i tanıdılar. Üstelik yıkılmış bir moralle tanıdım bu insanları. Tadım tuzum hiç yokken... Ama o halimi bile sevdiler. Demek ki sadece sahnelerde sevilesi bir insan değilmişim. En yıkılmış halimle bile insanların beni kalpten sevebildiğine tanık oldum. Benim onlara iyi geldiğimi, iyi hissettirdiğimi söylediler. Bunları duydukça ben de kendimi iyi hissettim.*

*Açık cezaevlerine gitme hakkı olanlar bile, orada daha rahat edeceklerini bildikleri halde, beni özleyeceklerini söyleyerek biraz buruk gidiyorlar. Şükürler olsun, hem kişiliğimle hem de en yıkık dökük, en yaralı halimle bile seviliyorum. Mesleğimle binlerce insana ulaşıyorum. Şükürler olsun, hem yapmaktan büyük keyif aldığım hem de yaparken en çok kendim olduğum işten hayatımı kazanıyorum. (Şimdilik kazanamıyor olabilirim, ama yine çıkacağım ve yine mesleğimle gündeme geleceğim. Şarkılarımla 7'den 70'e her kalbe dokunup iyi geleceğim.)*

*"Hayatın en büyük mutluluğu*
*sevildiğimize inanmış olmamızdır."*
– Victor Hugo

*Oturmuş yatağımın ortasına farkındalıklarımı yazıyorum. Yeni farkındalıklar edinmenin keyfini yaşıyorum. Binlerce kez şükürler olsun. Bedenim mahpus olsa da, kalemim özgür, kâğıdım özgür. Sözcüklerime kimse pranga vuramıyor. Kelimelerin hapsedilememesine şükürler olsun.*

*"Fikre kelepçe vurulamaz."*

## Yalnızlık ve özlem...

## Ve göğsümün kafesinde atan şu kalp...

*"Ard arda kaç zemheri,*
*Kurt uyur, zindan uyurdu.*
*Dışarıda gürül gürül akan bir dünya...*
*Bir ben uyumadım,*
*Kaç leylim bahar,*
*Hasretinden prangalar eskittim."*
– Ahmet Arif, *Hasretinden Prangalar Eskittim*

Özlem... Beş harf. Yazarken ne kolay, yaşarken ne zor... Her tanımın, her kelimenin anlamını yitirdiği, yeni yeni anlamlara bürünüp ete kemiğe kavuştuğu bu yerde, en zor şey özlem. Belki de, insanların etraflarına kapatılan bu dört duvar değil asıl ceza. Asıl ceza belki de insanların özlem duymalarını sağlamak. Bundan mıdır acaba, ıslah edilmesi gerektiği düşünülenlerin dört duvara kapatılması. Asıl amaç gerçekten, dışarıdaki güzelliklerin farkına varıp, onların özlemini en derinden hissedip, bir daha aynı suçu işlememelerini sağlama fikri mi? Büyük olasılıkla bu... Çünkü burada sadece insan sevdiği insanları, mekânları ve yerleri özlemiyor.

Dışarıdayken hiç önemi olmadığını sandığınız bir sürü detayın, küçücük ayrıntıların, aslında sevdiğiniz, o geride bıraktığınız dünyayı oluşturan çok özel ve anlamlı parçalar olduğunu anlıyorsunuz. Anlamak da değil aslında bu, ta kalbinin derininde hissetmek.

Burada pek çok düşünce, güncel hayata dair pek çok detay, birden bir çağrışımlar seli yaratabiliyor. Bu çağrışımların her biri de özleme dönüşüyor. Burada özlem öyle bir şey ki, gölgeniz gibi. Ne kaçmanız ne de saklanmanız mümkün. Her an yanınızda öten küçük, acılı bir kuş gibi. Üstelik hiç susmayan, acılı şarkılar söyleyen küçük bir kuş bu. Ama yine de seviyorsunuz bir şekilde onu. Çünkü o olmasaydı, hayatınızın en zor, en dikenli yolunu yürüyemez, önce ruhunuzu sonra da bedeninizi ölüme terk ederdiniz.

Yaşamak, her ne kadar bedensel bir fonksiyon gibi görünse de, aslında insanı ayakta tutan kalbi, ruhu. Bunu çok daha iyi anlıyorum. Eğer kalbinizin yaralarını kapatmak yerine kanatırsanız, hırpalanmış ruhunuza, şifalı dokunuşlar yerine siz de darbeler indirirseniz, bir bakarsınız ki ölüvermiş. İnsanın gücü, ruhunun ve kalbinin gücüne denk çünkü.

Sanıldığının aksine sert, ruhu katılaşmış, kalbi nasır tutmuş insanlar güçlü değil aslında. Onlar gerçek darbeler karşısında ilk yıkılanlar. Belki sessizce, belki yüzlerindeki katı ifadeyi bozmadan yıkılıyorlar. Ha, bir ihtimal yaşamaya devam ediyorlar ama onun da ne önemi var ki; duygusuz, buzdan bir beden yaşasa ne olur, yaşamasa ne... Kalbine, ruhuna iyi davranmalı insan. O zaman imkânsız sayılan hedeflerini gerçekleştirebilir; düşmanları sevinir, dostları onun için üzülürken. Yeni mucizeler yaratmak için ayakta kalmayı başarabilir.

Zümrüdüanka'yı büyülü bir kuş ve ebedi bir yaşam sembolü haline getiren şey, rengârenk tüyleri değildi. Yanıp küllerinden yeniden doğma cesaretini veren kalbinin gücüydü bence. Kalbinin derinliklerini keşfetme gücünü kendinde bulabilmesiydi. Kalbini temiz tutan, şefkatle koruyup kollayan, sevgiyi, her şeye rağmen sevmeyi ve kendini affetmeyi beceren herkes, bence yangınlardan, fırtınalardan küllerden yeniden doğabilir. Ruhumuz o yüzden çok özel, çok güçlü ve büyülü. İnsanı, diğer yaratılmışlardan ayıran da zekâsı, belki de zekâsından öte ruhunun gücü. O ruh imkânsızı başaran, seven ve özlemle yanardağlar gibi için için yanan ve o özlemle kendini yeniden var eden. O güçlü ruh, o imkânsızları başaran, sıradan insanı Zümrüdüanka kılan ruh, bir o kadar da kırılgan... Sırçadan kırılgan, sırdan narin... Bir o kadar gizemli...

Bu kadar güçlü bir şey, nasıl olur da bu kadar çabuk yaralanır demeyin. Yaralanır. En güçlü fırtınaları gülümseyerek atlatan, kalenderlikle karşılayan büyük ruhlar bir de bakarsınız ki, minicik bir sözle, bir bakışla bile dağılıvermiş. Bu da onun büyüsü.

Çelikten sağlam, sırçadan keskin bir şey ruh. Sevgiyi, özlemi, kini, hırsı, hazzı, arzuyu, insanı besleyen, insanı insan kılan, insanı meleklerle yarıştıran... Hayatı cennet bahçelerine çeviren, cehennemin dipsiz kuyularının ateşlerine düşüren de o... Üstelik hiçbir ruhun ben kötü olduğunu düşünmem. Yaradan, yarattığı her mahlûkatı severek, özenerek yarattı kuşkusuz.

Bugün insan için kötü, zararlı, korkutucu ve yok edilmesi gerektiği düşünülen her canlının, hatta cansızın, taşın, kumun, tozun bile bir anlamı var bu bütün içinde. Dolayısıyla Allah'ın yarattığı hiçbir şeye de, hele ki onun, "eşref-i mahlûkat" dediği insanın bir tekine bile kötü demem. Sadece, kendilerine emanet edilen en kutsal, en anlamlı hediyeye iyi bakmamış insanlar... O da iyi bakmayı bilmediklerinden, istediklerinden değil bence. Çünkü kötülük aslında her zaman, mağdurundan çok failini etkiler.

Kalbiniz, yumuşaklığını, üretkenliğini; ruhunuz ise sevme yeteneğini kaybedip katılaştıysa, sevgi yerine kinle dolduysa, en büyük kötülüğü her zaman kendinize yaparsınız.

Öfkeden gözü dönmüş birini düşünüyorum. En basitinden kendi öfkeli anlarımı... Şükürler olsun insanların hayatlarını derinden etkileyecek kadar büyük öfke krizlerim olmadı hiç. Ama insanız ya, ister istemez kırmışımdır, incitmişimdir birilerini. O anlarımdan birini düşünüyorum mesela. Öfkeli sözler söylediğim anlarda bedenimden geçen ve ne neredeyse her hücremi etkileyen o kötü hissi. Kırıcı ama kısacık bir cümleyi kurduktan saatler sonra bile yaşadığım o tatsız tuzsuz hali... Haklı olsam bile karşımdaki insanı kırdığım için yaşadığım üzüntüyü...

Kalbi katılaşmış, insanların hayatlarını birkaç cümlesiyle değiştiren, büyük fırtınalara, acılara yol açan insanları düşünüyorum... Savurdukları hayatları hiç düşünmeseler bile, bir gün o kadar hayatı savurduktan, toza çevirdikten sonra nasıl yaşadıklarını. Bir kere, gerçek ve samimi bir gülümsemenin, karşılık beklemeden birini sevindirmenin ne muhteşem bir tat olduğunu bilmeyecek bu insanlar. Sanmıyorum ama öyle birileri bu satırları okuyorsa, yukarıda anlattığım şeyi tarif etmem, benim için, hiç gözleri görmeyen birine renkleri anlatmam gibi. Renklerin hiç olmadığı bir dünyayı düşünün; birden her şeyin renginin çalındığını düşünün. İşte öyle bir dünyada yaşıyor kalbi katılaşmışlar, kendilerini yavaş yavaş öldürüyorlar.

Ruhun öldüğü yerde beden hayatta kalabilir, tıpkı bir yılanın değiştirdiği deri gibi. İşlevsiz, renksiz, hayatiyetten uzak. Ama hiç kimseyi, hiçbir derdi şifasız diye düşünmüyorum bu hayatta. Nefes alınıp verildiği sürece umut var. Yürek mucizelere gebe.... Her yürek sevmeyi öğrenebilir. En çok hıyanet içindeki, en zalim görünen kişininki bile... Dünya denen bu yerde verdiğimiz sınav da aslen bu bence. Her kalp çok kolay kırılır, çok kolay kanar. Önemli olan o kırılan kalbi nasıl özenle sarıp sarmaladığınız, yaralarını nasıl iyileştirdiğiniz. Sınav tam orada başlıyor. O kalbin yaralarından kan akmasın diye buz kesmesine mi izin verdiniz, acınızı daha da büyütüp, o yaralanmış yerleri irinle mi doldurdunuz, vay halinize...

Sevgiyi kine mi dönüştürdünüz, sizi kırana veya kırabileceğini düşündüğünüz herkese karşı. Evet, insanlara darbeler indirebilirsiniz. Bu darbelerin bazıları kalıcı etkiler de bırakabilir üstelik. Ama yine de en büyük acıyı kendinize çektiriyorsunuz, unutmayın. Sevmeyi, merhameti unutarak en büyük kötülüğü kendinize çektiriyorsunuz.

Önce insan kendini sevmeli, kendi kalbine ve ruhuna özen göstermeli bence. Çünkü kendisini sevmeyi, kendi kalbinin kırıklarını onarmayı, yaralarını sevgiyle sarmayı beceremeyen kişi kimseyi sevemez, kimsenin derdine deva olamaz. En fazla seviyormuş gibi yapabilir, en fazla ilaç olmaya çalışabilir ama bu beyhudedir çoğunlukla...

Başkaları hayatınızı darmadağın mı etti, kalbinizi yakıp küllerinizi mi savurdu havaya... Hayatınız birinin iki dudağı arasından kolaylıkla çıkan bir cümleyle bir toz gibi kayıp gitti mi avuçlarınızdan. Allah muhafaza, ama mümkün. Hayat bu, gül bahçesi değil... Bütün bunlar karşısında tek başınıza mısınız? Olabilir bu da mümkün. Size, "Geçecek bunlar geçecek; kötülükler buhar olup uçacak, güzellikler gelecek," diyeniniz mi yok? Şah damarınızdan yakın Allah var yanınızda. Onun içinize üflediği, kendi varlığından size hediye ettiği nefes var ya... O büyülü nefes kalbinizin içinde oturuyor. Sizi bedenden öteye taşıyacak kadar güçlü o nefes işte yanınızdaki mucizevi güç. O nefese sarılın. Nefsinizin tüm acılarına rağmen içinizde güzel sözler söyleyen o ruhun sesini dinleyin.

İçsesiniz size her daim iyilikler, güzellikler fısıldar, onu duymaya çalışın. Ne o? İçinizde kini, intikamı, acıyı mı körüklüyor o içses? Hayır, emin olun o ses kalbinizden gelmiyor. Aksine, o ses sizin verdiğiniz sınavın sesi, nefsinizin sesi. Uymayın ona, çünkü sınav o, o sesi duymamak, o zehre kalbinizi ve hayatınızı kapatmak... Gerisi çok kolay. Çünkü insan gerçekten mucizevi bir varlık.

İnsan, içindeki Tanrısal nefesi dünyayı cennete çevirmek için kullanabilir, insan o büyülü nefese kulaklarını kapatıp nefsine uyarak dünyayı cehenneme çevirebilecek kadar güçlü bir varlık. Bütün bunları bu uzun ve zorlu sınav karşısında uzun zamandır düşünüyorum. Düşündüklerimi sizinle paylaşmak istiyorum ama sanmayın nefsin bütün sınavlarından geçtim. Hiç değil. İnsan yaşadıkça o sınavı vermek, öğrendiklerine yenilerini eklemek mecburiyetinde. Ben de nefsimle sınavlar vermekteyim. İnsanım ya... Burada bir damlaymışım, hep denize dönmek isteyen bir damlaymışım gibi hissediyorum. Hatta adımdan öte gerçekten bir deniz olmak isteyen bir damlaymış gibi hissediyorum. Bu hisle yanıp kavruluyorum. Sanki geçmişte hiç kıymetini bilmeden dolaştığım, o duvarlarla son bulmayan sokaklarda tekrar yürümeye can atıyorum.

Baharda yeşermiş ağaçların yaprakları arasından inen güneş ışıklarını seyretmeyi deli gibi arzu ediyorum. Bir pastanenin önünden ya da simitçi tezgâhının yanından geçerken ansızın burnuma çarpıveren o tazecik kokuyu içime çekmeyi istiyorum deli gibi. Fırından yeni çıkmış ekmeğin ucunu çocuk gibi kopartıp yemeyi. Annemin gülümseyen yüzünü görmeyi. Bana, sanki küçücük bir kız çocuğuymuşum, hiç büyümemiş, hiç bu kadar ağır sınavlar vermemişim gibi, öğütler verişini duymak istiyorum. Ah anneciğim, ben, "Bir of çeksem karşıki dağlar yıkılır" sözünü burada anladım anneciğim. Hani ben bir hastanede mamografi sonuçlarımı beklerken, sen bir başka hastanede bir ameliyata girerken anladım o yürekten gelen *"ah"ın* ne acıtıcı bir şey olduğunu.

Anne olmak, evladının canı yanarken, canının yanması derler ya. Henüz anne olmayı bilmiyorum, ama evlat olmak da anneciğinin canı yanarken canının yanması demek.

Babamın göçüşüyle birlikte nasıl da baş başa kalmıştık, o ev babamın gidişiyle nasıl da ıssızlaşmıştı, nasıl birbirimize tutunarak ayakta kalmış, o evi tekrar yuvaya çevirebilmiştik. Beyninde yıllar önce çıkan tümör, hani bize korkulardan korkular beğendiren o habis hastalık tekrarladı ya en olmadık zamanda... Ben duvarların ardına hapis, elini tutmaktan, yüzüne bakmaktan, başımı göğsüne dayamaktan alıkoyarken tekrar hortladı ya... Öldüm öldüm dirildim anneciğim. Sanki yanında olsam, şifalanacaktı da izin vermediler bana.

Ameliyatının iyi geçtiğini söylediler, hem de canlarımdan geldi güzel haberler... Ama inanamadım. İnsan annesi gibi canına can veren hastalandığında güzel haberlere bile inanamıyor görmeden.

Hapsedilmiş olmanın bana en ağır geldiği anlardı annem senin hastalığını duymak. Benim acım mı yüreğine ağır geldi de tekrarladı o habis hastalık diye içim içimi yedi durdu canımın anne yarısı. Canımın senden uzaktayken anne yarası... Sen bir öp beni geçecek bütün yaralar anneciğim. Yumuşacık anne göğsüne başımı koymayı, kalbinin sesinden bana geçen sevgiyi hissetmeyi istiyorum. Böyle düşündükçe ağlamamak için gözlerim yaşarıyor. İşte kalbin kırılması bu kadar kolay. Yine kalbimde küçük bir kanama başladı ki, gözyaşlarım haber vermeye geldi; ürkek, mahcup, utangaç ama bu kez telaşlı değil. Ben izin vermeden gözlerimden düşmeyecekler.

Derin derin nefes alıyorum. Kalbimin acısını, özlemini sevgiyle bastırıyorum. Annemin gülümsemesine, şefkatine duyduğum özlemi acıya değil, sevgiye dönüştürüyorum. Bu sevgiyi yakında duvarların ötesinde değil, anne evinin sıcağında hissedeceğimi hatırlayıp gülümsüyorum... Anneler için evlatlar her zaman çocuktur. Ama evlatlar da anne babaları yaşadığı sürece her daim bir yanıyla çocuk kalırlar. Ve ne olursa olsun, ne yaşanırsa yaşansın anne bir öper sanki bütün yaralar kapanır gibi gelir evlatlara...

Anneciğim, seni nasıl özledim bir bilsen... Sana söz veriyorum, buradan bir çıkayım, seninle yaşadığım her dakika artık bambaşka bir anlamla dolacak benim için. Her anımızı, unutulmaz anılara dönüştüreceğim anneciğim.

Serdar'ım... Benim daha küçücükken bile, kendisi kocaman, yüreği kendisinden çok daha büyük olacağını belli eden kardeşim. Annemin hayırlı evladı, Deniz'in kendi dalgalarında boğulmasını engelleyen engin yürekli kardeşim, şimdi hem baba, hem eş... Sen, sana eş, anneme yeni bir evlat, bana da bir kız kardeş hediye ettin, benim için bin türlü şeye göğüs gererken.

Serkan'ım, canımın diğer yarısı... Nasıl da yakışıyor eline gitarı, ne güzel şarkılar yazıp söylüyor. Gurur duyuyorum bütün kalbimle ve notalar da seninle gurur duyuyor. O güzel koca gözlerine, o güzel kalbine nazarlar değmesin. Öper canınız ablanız sizi.

İkiniz de burnumda tütüyorsunuz. Ve eşleri, benim kız kardeşlerim... Pınar'ım ve Mehtap'ım, güzel prenseslerim, melek kalplerim hep var olun...

Canım kardeşlerim ama size hem teşekkürüm hem sitemim var. Teşekkürümün de sitemimin de adı Mert... Allahım o ne güzel, ne sihirli bir şeydir, ne güzel bir evlattır.

Mert, bana halalık denen güzelim duyguyu hediye etti bu taş duvarların arasından. Kan çeker lafı ne doğruymuş. Aramızda bir cam varken bile sevgimin uçup ulaştığını hissediyorum Mert'ime. Yoksa nasıl hiç tanımadığı bana böyle güzel gülücükler yollar, nasıl camları aşıp halasına gelmek ister ki başka.

Hımm, Mert için neden mi sitem ediyorum. Tabii ki siz biliyorsunuz ama kitabımı okuyacak olanlar da Mert de (ileride tabii, okumayı öğrenince) buradan kendi öğrensin istiyorum hissettiklerimi.

Mert'çiğim, o güzelliğinle, masumiyetinle halanın başına koskocaman bir iş açtın. Bin tane işine gücüne, kötü bir nedenle ara veren bu halacık, senin yüzünden bu saatten sonra anne olmayı hayal edip duruyor. Tabii ki bunda Faruk Beyimizin katkıları da büyük.

Günlerce, iyiymişsin gibi görünmek ve başaramamak. Kimselere derdimi anlatmak istemem, özlemini bile sanki nazar değecekmiş gibi herkesten sakınmak, saklamak. ... Ben sen yokken bütün bunları ve bunlar gibi onlarcasını yaşıyorum burada... Ve biliyorum ki sen de bin tane yüzünü tanıyorsun aşkın ve özlemin acısını... Bin bir rengini aynı gün hissediyorsun kalbinde. Bunlar da yüreğimi acıtıyor. Çünkü ben aşkımla, özlemimle seni üzmek değil sevinçlere boğmak istiyorum. İstiyorum ki Deniz dediğinde, kalbinin bütün nehirleri okyanuslarla buluşsun... Sevgilim, biliyor musun burada, ne zaman sen olsam, ne zaman özlem koksa bu koğuş, ben ne zaman seni ne kadar özlediğimi kelimelere dökemesem Ahmet Arif okuyorum.

*"Öyle bir ufka vardık ki artık*

*Yalnız değiliz sevgilim...*

*Gerçi gece uzun,*

*Gece karanlık,*

*Ama bütün korkulardan uzak...*

*Bir sevdadır böyle yaşamak,*

*Tek başına.*

*Zindanda yatarken bile,*

*Asla yalnız kalmamak."*

Ses... Müzik, o ilahi ritim duygusu, Tanrı'nın bana verdiği en büyük hediye... Şarkı söylemek, o şarkıları yaratmak... Ben her insanın bir hediyeyle gönderildiğini düşünüyorum dünyaya. Annemizin rahminden çırılçıplak, çok minicik, yardıma muhtaç doğup, boğazımızdan giren ilk nefesle boğazımızın yanmasıyla ve ciğerlerimizin acımasıyla atıyoruz o bizi yaşama bağlayan çığlığı...

Gözyaşıyla karşılıyor her insan yavrusu dünyadaki ilk dakikalarını. Bu dakikalar, aslında gelecek binlerce, yüzbinlerce güzelliğin yanı sıra hüzünlerin, kazanılması, galip gelinmesi gereken savaşların da işareti gibi. Tabii ki mağlubiyeti de onurlu bir biçimde kabul etmek gereken savaşları da veriyor her insan. Ama bu dünyaya bir sürü hediyeyle geliyor o zorlu görevleri başarabilmek için. Bu hediyeler de insanın yaşam amacına yönelik ipuçları barındırıyor içinde. Benim hediyelerimden biri ailem, biri sevebilme gücümse, bir diğeri ve kuşkusuz en önemlilerinden biri de şarkı söyleme ve yazabilme yeteneğimdi. Bu yetenek, beni bir sürü genç kızdan ayırdı, şansın yardımıyla...

Sesim başkalarının yazdığı, başkalarının ses verdiği şarkılara başka başka güzellikler, başka renkler, duygular kattı önce. Sonra da yüreğimin sesini notalara dökebilmeyi öğrendim. Kendi kendime... Sanki ben değildim şarkıları yazan, bir başkası gelip parmaklarıma dokunup, kalbimin seslerini tercüme ediyor gibiydi. Şarkılarım ortaya çıktıkça ben büyüdüm, onlara ses olmak beni büyüttü, başkalaştırdı. Sahnenin büyülü ışıklarına, ateşe doğru yükselmek isteyen pervaneler gibi uçuşan binlerce insan arasından beni ayırdı, daha görünür kıldı.

Sahnelerle buluştum. Ne kadar çok kişi duyduysa şarkılarımı, ne kadar çok insanın derdini dile dökmeyi başardıysam, ne kadar insanın duygularına tercüman olup, sevinçleri büyütüp, kederleri azalttıysam o kadar sihrim güçlendi. Allah'ın bana verdiği hediye insanlarla paylaştıkça o kadar büyüdü.

Her insanın hayatı, doğru anlatıldığı takdirde büyük bir masal. Benim masalım da sesle, sözle örüldü. Her masaldaki gibi bir lanetle karşılaştı benim masalım da. Bu lanet, beni sevdiklerimden ayırdı, özlemle tanıştırdı, sesleri susturamasa da gücünü azalttı. Beni her şeyden mahrum etti, her şeyin yokluğunu yaşattı ama Allah'ın bana verdiği hediyeleri benden alamadı. Hep sevdim, hem sevildim, en zor şartlarda bile.

Kalbimin sesleri, notaları hiç susmadı. Evet, alıştığım gibi sahnenin sesime ses, coşkuma coşku katan ışıkları... Beni seven binlerin gözlerindeki binlerce ağustosböceğine renk, ışık ve daha önce alkışlanmayan kimsenin anlayamayacağı o büyülü seslerden, alkışlardan uzak tutuldum. Bir sürü şey yazdım, bir sürü şarkı, bir sürü şiir, dile kolay, koskoca iki kitap yazdım. Minicik minicik konserler yaptım, canım ne zaman yansa, ne zaman içim umutla dolsa yine şarkılar mırıldadım ama hep bir ucundan eksik kaldı.

Yazdığım, söylediğim her şarkı biraz özlem koktu. En umutlusu bile bir miktar gözyaşıyla ıslandı biliyorum. Ama biliyorum ki, eğer yazan biriyseniz ve yazdıklarınız seviliyorsa, söyleyen biriyseniz ve sesiniz seviliyorsa, içindeki her kelime, sesinizin içindeki her titreşim içten geliyorsa sevilir. Biliyorum, içine hüzün bulaşmış umutlu şarkılarımı da seveceksiniz. Kalbinizin yandığı zamanlarda dinleyeceğiniz hüzünlü şarkılarımı eminim seveceksiniz. Çünkü o hissedeceğiniz hüzün, bir kalpten çıkıp gelebilecek en samimi hüzündür. Bir denizin her damlasının gözyaşına dönüşüp aktığı şarkılarımı siz söyledikçe hem kendi kalbinizin hem de benim kalbimin tercümanı olacaksınız.

Öyle özledim ki sizi... Öyle özledim ki beni dinleyicilerimle buluşturan her ayrıntıyı... Mesela sizin birkaç dakikada seyredip eğlendiğiniz kliplerin günler süren yorucu koşuşturmacalarını, öyle özledim ki kliplerde kılıktan kılığa girip şarkımı en güzel görüntüler eşliğinde size sunmak için ter döktüğüm anları.

Ya sözlerime, sesime ses katan müzisyen arkadaşlarımla günler süren kayıt telaşlarına ne demeli... Sabahlara kadar kalınan stüdyolar, tam şahane bir kayıt oldu diye düşündüğümüz anda ortaya çıkabilen ve normal koşullarda bir kulağın fark edemeyeceği bozuk bir ses için her şeyin yeni baştan başladığı anları... Stüdyo çıkışı bitkin, aç eve gidiş ve yorgunluktan yemek bile yiyemeden yatıp uyuduğum günleri bile özledim.

Biten bir albümün ardından, alınan her övgüden sonra, son zerreme kadar, ne kadar yorulduysam değdi doğrusu... Sokak köpeklerini sevmeyi, martılara simit atmayı, güneşli bahar sabahlarını, denizin tuzunu, güneşin cıvıl cıvıl ısıttığı kumsalları, dostlarla oturup, hiçbir maksadı olmadan, incir çekirdeğini bile doldurmayacak konularda konuşup, gülmeleri... Ne çok özledim, ne çok şeyi... Anlatmak, belki bir ihtimal. Anlatmak, her zaman bir çaba.

## *Tahliye ve umuda dair*

*"Geç gelen adalet, adalet değildir."*

Buraya yolu düşen herkes, dışarı çıkacağı gününün hayalini kurar, hatta müebbet hapse, hayatının tamamını burada geçirmeye mahkûm edilenler bile. Çünkü burada ayakta kalmanın tek koşulu, nafile olsa bile özgürlüğün hayalini kurmaktır. Ben de öyle yapıyorum. Üstelik her iki girişimde de...

Tanrım, düşünüyorum da ne büyük, ne acı deneyimler yaşamışım; hem de birkaç kez, üstelik birinin acısı geçmeden daha sert bir darbe yiyerek...

İlk girişimde, yaşadığım duygusal durumu bugünkü sakinliğimle şöyle yorumlayabilirim. Büyük bir şok dalgasına maruz kalarak tüm duygularım dumura uğramıştı önce. Hayatım boyunca asla tahmin edemeyeceğim bir duruma maruz kalmış ve şaşkınlıkla çaresizlik arasında gelip gitmiştim uzunca bir süre. Sanki birdenbire hiç beklemediğim şiddette bir depreme maruz kalmış gibiydim. Duygularımın hayatta kalmayı başaranları, etrafında gördüğü her şeye şaşkınlık ve dehşet içinde bakıyor ama anlamlandıramıyor gibiydi olanları. Bir süre sonra feryatlar başladı. Bağıra çağıra, gözyaşlarıyla... Sonraları da mırıldanmalarla, sessizce ağlamalarla... Gözyaşım kuruduğunda şarkı sözleriyle yardım istedim. Yeterince çığlık atsaydım sanki bir güç gelecek ve beni buradan çıkartacaktı.

Çok uzun zaman gerekti kendime gelip olayları ciddi ciddi algılayabilmem için, çünkü duygularımın şiddeti uzunca bir zaman aklımın sesini duyulmaz kılmıştı. Sonra sonra anlamaya, kabullenmeye ve ayak uydurmaya başladım, içine fırlatılıp atıldığım bu duruma...

Sonra, birden dualarım kabul olmuş gibi özgür kaldım. Bir mahkûmun başına gelebilecek en güzel şeyi yaşamıştım. Bu kez o kadar çok sevinmiştim ki... Bir mucize olmuş ve başıma gelen bu talihsiz olay, bu haksız zulüm sona ermişti...

Hepinizin bildiği gibi bu durum henüz ben özgürlük fikrine yeni yeni alışmaya başladığım esnada tekrar bir kâbusa dönüştü. Bu kez, bilmediğim, tahayyül etmekte bile zorlandığım bir çukura fırlatılmıyordum, aksine gayet iyi bildiğim bir cehennem kuyusuna atılacaktım. Tüm duyularım isyan ediyordu olanlara. Aklım tamamen felce uğramış gibiydi ve o anda yapabileceğim tek şeyi yaptım. Zaten bunu da gayet iyi biliyorsunuz. Tabii ki beklenen son gerçekleşti. Ben yine dört duvar arasına kapatılmıştım. Çaresizdim. Yaşadığım bu korkunç karanlık şakaya bu kez isyan etmek yerine daha hızlı bir şekilde boyun eğmeyi seçtim. Çünkü isyanın faydası yoktu, çünkü sonsuz çığlıklar atmak, günler boyu gözyaşı dökmek bir işe yaramayacaktı.

Sakın kimse hiç ağlamadım, üzülmedim, kolaylıkla kabul ettim, başımı öne eğdim geldim buraya dediğimi sanmasın. Öyle değil ve bunu zaten size sayfalarca anlattım. Fakat bu kez nafile reddediş ve kendime daha fazla acı çektirmekten vazgeçtim kısa sürede.

Hayatta bazı gerçekler vardı ve bunlara isyan etmek, reddetmek, öfkeye ve hüzne sarılmak anlamsızdı. Yaşanacak bir süreç vardı önümde ve onu yaşamalıydım. Üstelik dışarıda beni seven, bekleyen, özleyen insanlar vardı. Burada da beni sarıp sarmalayan, kendi kapanmayan yaralarına rağmen benim yaralarımı sarmalamak isteyen kadınlar vardı. Arkadaşlarım...

Kendimi hırpalamanın bir faydası yoktu, aksine zararı çoktu ve kendime verdiğim her zarar beni sevenleri de üzüyor, yıpratıyordu. Bu dört duvar arasında geçen zamanı ben de kendimi ve dünyayı anlamaya, mümkün olduğu kadar üretmeye ve elimden geldiğince kendimi revize etmeye adadım. Kolay oldu demiyorum ama dışarı çıkmanın hayaliyle, özlemle kavrulduğum her günü, gecesinde kendime eklediğim bir artıyla kapatmak istedim. Denedim de, baya baya işe yaradığını da söyleyebilirim üstelik. Kendimi pek çok anlamda değiştirdim, dönüştürdüm. Kötü günlerin sonunda, kötüleşmesin istedim Denizin suyu, bereketini ve huzurunu kaybetmesin, arttırsın istedim.

Kendime, ruhuma özen gösterdim, çünkü ruhum çok yaralanmıştı, çok kan kaybetmişti ve daha fazlasına tahammülü yoktu. Çünkü kendimi onarmak yerine yaralamayı tercih etsem, ruhum kan kaybından ölebilirdi. Günlerim özlemle geçti, gözyaşı bulaştı takvimlerime, göz bebeklerime hüzün oturdu yalan değil, ama belki de hayatın bana en kötü davrandığı günlerde öğrendim kendime iyi davranmayı. Kendime iyi davrandıkça başkalarının dertlerine de daha iyi şifa olabildiğimi fark ettim.

Her hayrın içinde şer, her şerrin içinde hayır varmış gerçekten. Ben şerrin içindeki hayrı görmeyi seçtim. Sıkça özgürlüğüme kavuştuğum gün, sevenlerime söyleyeceklerimi prova ettim. Bunları düşünmek, yazmak sanki beni özgürlüğe bir adım yaklaştıracak gibi geliyordu. Onlarca kez tahliye konuşmamı düşündüm, onlarca kez yazdım, çünkü bana iyi hissettirmesinin yanı sıra çok da makul bir başka sebebim vardı. Tıpkı birden esarete fırlatılmak gibi, o çok özlenilen özgürlüğe kavuşmak da –her ne kadar beklenirse beklensin– kısmen şoke edici bir deneyim olacaktı.

Aylar sonra ilk kez sokağa adım atacak olmak bile bir heyecan unsuru cezaevindeki bir insan için. Etrafı çevrili dört duvar olmadan gökyüzünü görmek... Sevdiklerine özgürce, içinden geldiği gibi sarılabilmek. Bunlar yaşanırken ne söylerim, nasıl konuşurum, aslına bakarsanız bilmiyorum. Hatta heyecandan bırakın doğru düzgün duygularımı ifade edebilecek bir konuşma yapmayı, ayakta durabileceğime bile emin değilim. Bu yüzden de tahliye esnasında bana sevgileriyle destek olan sevenlerime söyleyeceğim sözleri şimdiden hazırlıyorum. Tabii bu konuşmanın aynısını çıkışımda tekrar edeceğime söz veremem. Ana hatlarıyla benzer şeyler söyleyeceğimi sanıyorum. Bu da sizinle paylaşmak istediğim kısmı.

Bu konuşma, ne profesyonel bir PR'cı desteğiyle ne de avukatlarımın teknik hukuk terimleriyle destek verdiği bir konuşma, tamamen kalpten inandıklarım ve benim sözlerimden oluşuyor. Tahliye konuşmamı birkaç başlık olarak tasarlıyorum, burada geçen her gün onlarca başlık, onlarca duygu ve onlarca dalgalanma geçirse bile, sizlere kendimi anlatacağım kelimeler de, zaman da kısıtlı malum.

Konuşmamın ilk ve en önemli kısmı tabii ki masumiyetim. İşlemediğim bir suçtan ötürü bana bir ceza reva görüldü ve ben bunu çektim. Yine de haksız yere cezaevinde geçirdiğim bu günlerin üzerine bir örtü örtüp geçiştirmeyeceğim.

Başıma gelen onca şeyden, yargılanmam sırasında bana bu cezayı reva gören hâkimlerin neredeyse hepsi, Türkiye'nin temellerine dinamit koymaktan çekinmeyen kirli bir örgütle bağlantı içinde oldukları için cezaevindeler. O hâkimler sıradan bir suçtan yargılanmıyor, Türk ordusunun bir kısmını da oyunlarına alet edip halkına silah doğrultulmasını sağlayan, sokaklarda demokrasiye sahip çıkmak için öldürülen yüzün üzerindeki insanın kanlarında payı olan kirli bir oyuna dahil oldukları için cezaevindeler.

Bu kirli örgütün kollarının yargıdan bürokrasiye, hatta spora kadar nasıl geniş alanda sinsice hâkimiyet kurduğu herkesin malumu. Tabii ki bu insanlar yargıda dehşetli oyunlar oynadı. Şahsım özelinde dahi.

Sahnelerde, ışıkların altında başarılı bir kadın şarkıcıydım ve özel hayatımla ilgili asıllı ya da asılsız pek çok haber gazete sayfalarını süslüyordu. Fazlaca göz önündeydim ve hakkımda bire bin katılarak yapılan haberler, onlar gözünde bir hedefe oturtulmama yol açtı. Üzerime atılan suçları asla ve asla işlemedim.

Kendi sakat adalet anlayışlarını topluma empoze etmek için bir günah keçisine ihtiyaçları vardı ve bunun için tüm hukuk kurallarını hiçe sayabilirlerdi. Sadece bir bahaneye ihtiyaçları vardı ve bu bahaneyi de bulamadıkları için yarattılar. Üzerime atılacak ve yıllarca nasıl imrenilerek bakıldıysam, bu kez de yıllarca hor görülmemi sağlayacak bir suç icat ediverdiler. Üstelik sadece ben değildim kurban seçilen, hâkimiyetlerini perçinlemek için akla gelen gelmeyen onlarca davada insanların kaderiyle oynadılar. Bununla da kalmadılar, yaratmaya çalıştıkları algı için belki binlerce masumu cezaevine gönderdiler. Ben de onlardan biri olduğuma inanıyorum. Benim üzerimden tüm sanat camiası üzerinde baskı kurar hale geldiler.

Üzerimde kurdukları bu zalimce oyunun bir açıklaması mutlaka var ve ben de bunu öğreneceğim, çünkü masumum. Bana atfedilen hiçbir suçu işlemedim. Bu karanlık, dipsiz kuyuda geçirdiğim acı ve özlem dolu günlerin ben de nedenini öğrenmek istiyorum. Bunu öğrenmek en çok benim hakkım.

Halkın sevdiği bir sanatçı olarak, bir kadın olarak niçin bu kirli örgütün karanlık elleri hayatıma temas ederek günlerimi, aylarımı, yıllarımı ve itibarımı kirletti, benimle dertleri neydi bunları tek tek öğreneceğim. Ve tabii ki İTİBARIMIN İADESİNİN de SUÇSUZLUĞUMUN TESCİLLENMESİNİN de takipçisi olacağım.

Ülkemiz her ne kadar çabuk atlatsa da; sinsi bir hastalık gibi ülkemin dört bir yanını saran bu kirli örgüt, büyük ve dehşetli bir planla darbe girişiminde bulundu. Demokrasimiz kendilerini hiçe sayarak, bayrakları ve demokrasiye olan inançlarına sarılarak sokaklara çıkan insanlar tarafından kanlarıyla, canlarıyla savunuldu. Cumhurbaşkanımızın liderlik kabiliyetinin sonucu olarak sokaklara dökülen bu insanlara ve büyük badireler atlatan demokrasimize dair söyleyeceklerim var.

Gazilerimize geçmiş olsun dileyeceğim. Evlatlarını, babalarını, eşlerini kaybedenlere başsağlığı dileyeceğim. Bu öyle kolay kolay unutulacak bir konu değil. İnsanlara o gece onların yanında olmak ve bayrağımla sokağa çıkıp, onlarla birlikte demokrasiyi savunmayı ne çok istediğimi ama yapamadığımı mutlaka söylemeliyim. Ve tabii ki tüm sevenlerime teşekkür edeceğim. Şimdi bu başlıkları alt alta bir konuşma şekline çeviriyorum. Yani duyacaklarınız üç aşağı beş yukarı şöyle olacak, Allah nasip ederse...

– İşlemediğim bir suçtan dolayı yaklaşık üç yıldır nefes aldığım cezaevinden ayrıldığım için mutluluğumu nasıl anlatabileceğimi bilmiyorum.

– Cezaevinde geçirdiğim günler; hukuka, özgürlük ve adalet kavramlarına bakışımı derinden ve keskin bir biçimde değiştirdi. Ülkemdeki ve dünyadaki adaletsizliklerin takipçisi olmayı önce bir insan, ardından da bir sanatçı olarak canı gönülden diliyorum. İçerdeki son suçsuz insan da dışarı çıkana dek mutluluğum her daim buruk kalmaya devam edecek.

– Bana yaşatılan haksızlığı, hukuksuzluğu hiçbir zaman unutmadım. Yasal olarak sürecin sonuna kadar takipçisi olacağım. Her şey zamanla anlaşılmaya, başıma örülen bu talihsiz çoraba dair bütün detaylar ortaya çıkacak. Ben yüzde yüz aklanana kadar ve bana bu haksızlığı reva görenler de cezasını çekene kadar davamın takipçisi olmaya devam edeceğim.

– Ülkemi bir uçurumun kenarına getiren sinsi ve gerektiğinde kadın, çoluk çocuk demeden halkının üzerine silah doğrultmaktan çekinmeyen bu kanlı örgütün karşısında demokrasimizi savunurken hayatını kaybeden herkese Allah'tan rahmet, acılı yakınlarına başsağlığı diliyorum.

## Veda

Ben bir sanatçıyım. Sonrasında şarkı sözü yazarı ve besteciyim... Şimdi bunu niye mi söyledim? Galiba şairler, yazarlar, tabii ki şarkıcılar en çok veda kelimesini gündelik yaşama taşıyanlar. Ne tuhaf; ne büyülü, ne zarif ve ne hüzün taşıyan bir kelime değil mi veda?

İnsanlar, gerçekten çok kalp kıran, acıtan elvedaları çok fazla tekrarlamıyor hayatta. Ama biz öyle mi; romanlarda, şiirlerde ve de en çok şarkılarda geçiyor veda sözcükleri...

Ben de çokça veda sözleri söyledim şarkılarda, yazdığım şiirlerde. Ama burada her kelime gibi veda da bir başka anlam kazandı benim için. En derin acısını yaşadım veda etmelerin... Hatta veda bile edemeyişin acısını yaşadım. Çünkü bu, iki kişinin aslında geri dönebilecekleri yolları dönüşü imkânsız kılan aşklarına dair bir veda değildi ilk kez.

Babacığımın aramızdan ayrılışının ardından ettiğimiz gözü yaşlı veda dışında ilk kez bu kadar acı çektim veda sırasında, üstelik tekrar buluşacağımızı bilerek. Her görüş günü sonrasında edilen vedalar vardı. Ölüp ölüp dirilerek ettiğim o iki uğursuz vedanın (cezaevine girişlerim sırasındaki kırık dökük vedalaşmalardan bahsediyorum) küçültülmüş, acısı seyreltilse de zehrini koruyan vedanın benzerleri...

Ayrılık gerçekten dünyanın en acı şeyi. Hasret, insanın kendisiyle imtihanı; burnunun direğini sızlatan, avuçlarının içini kanatan şey. Severken hasret çekmek. İsteyip de gelememek... Aşk, mutluluk, huzur bir adım ötendeyken üstelik... Allah düşmanıma vermesin. Ancak burada vedalar da benim için başka bir anlam kazandı. Biliyorsunuz, burada gecelerimizi dolduran şeylerin en önemli öğelerinden biri dizi seyretmek. Sanıyorum bu konuda dışarıdaki hayatla eşitlenmiş durumdayız.

Akşam pek çok evde pür dikkat dizi seyredilerek geçiyor. Hoş onların yanlarında sevdikleri, seçtikleri insanlarla içilen çaylar, kahveler var ki... Hâlâ burada bazen kendimi bir diziye kaptırıp, burada olduğumu unuttuğum nadir anlarda, kendimi evde sandığım oluyor. Birdenbire kafamı çevirdiğimde, sanki evimi görecekmişim gibi oldu birkaç kez, saliseler süren bu anda, bir anda bulunduğum duvarlar yüzüme tokat olup çarptı. Nasıl kaptırdıysam artık. Neyse, o an yaşadığım hüznü anlatıp, kalbinizi burkmayacağım... Sadece öyle bir andı işte.

Kısa bir süre önce bir dizi seyrediyoruz yine pür dikkat. Dizinin kahramanı, sevdiği kız kollarında öldükten sonra odasında yazı yazıyor... Ve şöyle söylüyor dış ses: Her bitiş bir başlangıç değil, her bitiş bir bitiştir..." Oldukça hüzünlü bir final. Bütün duyguları harekete geçiren, tüyleri diken diken eden bir son. Oldukça etkilendim tabii ben de herkes gibi.

Ertesi gün, "Her bitiş bir başlangıç değildir. Her bitiş bitiştir" sözünü düşünürken buldum kendimi. Öyle miydi? Bu kadar katı, bu kadar sert miydi gerçek... Bilmem. Ama ben hâlâ her bitişin bir başlangıç olduğuna inanmak istiyorum.

Hepimizin bir öyküsü var. Üstelik en sade, en fırtınasız görünen hayatlar bile yazılsa roman olacak türden. Her bitiş de bir nokta. Romanı oluşturan cümlelerin arasını ayıran noktalar gibi. Bu yüzden her bitiş, bitiştir evet. Hele de bitirilmesi gereken şeyler varsa. Bitirilmesi gereken ilişkiler, bitirilmesi gereken işler, bitirilmesi gereken olaylar... Özellikle gerektiğinde bitirme gücü, kendimizi inşa etme serüvenimizdeki belki de en önemli yetenek. Can Yücel geliyor aklıma bunları yazarken.

"Tam zamanında ayrılmalısın misafirliklerden,
tam zamanında konuşmalı
Tam zamanında susmalısın.
Tam zamanında terk etmelisin
Gerekiyorsa ananın babanın evini"

Öyle bitişler var işte... Tatlısıyla, acısıyla... Sonra bitiş sanıp başlayışlarımız var, coşkulu. En umut kokanından, en sevindiricisinden.

Bittim sandığınız, Zümrüdüanka oluşlarınız var. Bir yerlerde okumuştum (dışarıdayken yaptığım sıradan bir eylemi hatırlatmak bile yüreğimin burkulmasına neden oluyor, hâlâ alışamadım. İnternetten bir şeyler okuduğunu hatırlamak, böyle ufacık şeylere duyulan özlem bile insanın gözünü doldurabiliyor biliyor musunuz, neyse... Ne çok neyse dedim ben burada içimi çekerek.) Hani şu, ölümü yaklaştığında inzivaya çekilip, kendi kendilerine kırdıkları gagalarının, söktükleri pençelerinin yeniden çıkmasını acılar içinde bekleyip, sonra yeniden doğan kartalların hikâyesi... Ne kadar gerçek bilemiyorum ama bir şekilde ilham verici, hem ürpertici hem de umut dolu. İnsanın imreneceği türden bir cesaret örneği. Böyle olması da benim için yeterli zaten... Bir nevi Zümrüdüanka hikâyesi...

Zümrüdüankalar masallarda görülür, yukarıdaki kartalın bu kendini yenilediği inziva zamanlarını gören var mı bilemem. Ama insan, ilham aldığı bu yaratıklar kadar cesur aslında, bir o kadar mucizevi. İnsan belki dağların tepesinde bir kovuğa çekilip, kendini isteyerek parçalamıyor. Aksine birdenbire, ansızın hayatının sınavıyla karşılaşıyor; en ummadık, en amansız anda.

Hayatın kanunu bu; değiştiren, dönüştüren bütün acı sınavlar, en beklenmedik zamanlarda, en beklenmedik yerlerde, en beklenmedik şekillerde insanın karşısına çıkar. Bittim dersin son hücrene kadar. Bu yürek bu acıyı kaldırmaz. Zihnim, layık görüldüğü bütün bu haksızlığı kaldıramaz... Ve daha onlarca acıyı bağırır. Bedenin bile kaldıramaz. Elin kolun kalkmaz gibi olursun acıdan. Olur bunlar.

Her insanın, "bitti artık" dediği zamanlar olur. "Bitti derken hayat yeni başlar. Ve her güzel şey gibi çabuk biter. Bitti dersen hayat tükenmeden acısı içinde sürer gider." Tıpkı "Sana Sığınıyorum" isimli şarkımda yazdığım bu sözler gibi. Ne yazık ki bu da hayatın değişmez kanunlarından... O zaman sığınabileceğiniz tek şey de kalbiniz olur. Orada sevgi varsa eğer, başınıza gelen her türlü şeye rağmen sevebilme yeteneğinizi karalayıp yaralamadıysanız, her mucizeyi gerçekleştirirsiniz. Buna inanın. Ben inandım. En kötü kâbuslarımdan bile korkunç gerçeklerle karşılaştım. Üstelik birden fazla kez. Her şey bitti dedim. Bir kez girdiğim ve ikinci kez tekrar atıldığım bu mezarlıktan bu kez çıkamam. Ne aklım, ne bedenim kaldıramaz bunca yükü dedim. Yine de kalbimi kirletmedim.

Bir mucize gerçekleşti: Aşk... Sevebilme kabiliyetimi kaybetmemiştim çünkü. Yaradanım, dibi olmadığını sandığım kuyularda bana yaşama cesaretini aşkla verdi. Aşkla, sevdiğim işimle verdi. Acının, dokunulabilecek kadar yoğunlaştığı, kolumu kesseniz kan yerine acı akacak sandığım anlarda, sevebilmek beni ayakta tuttu. Sevilmek. Çok sevilmek beni diri tuttu burada. İnanın, aklıma en son gelecek şey aşktı o günlerde. Kalbimin buz tutmasını engelledi. Umut verdi, direnme gücü verdi bana işime duyduğum aşk. Severek yaptığım işim. O işi tekrar yapacağıma duyduğum inanç. Binlerin önünde şarkılar söyleyecektim yine. Beni var eden şeyler buydu. Ayakta tutan şeyler de aynıları oldu. Gagaları ve pençeleri sökülmüş bir kartal gibi acıdan kıvranırken, gülümseyerek acımı satırlara akıttım ve değiştim. Bambaşka bir ben yarattım. Kendini daha çok dinleyen, kendini daha çok seven, kendine daha merhametli biri oldum.

Sevginin karşılıksız ve destekleyici, sarıp sarmalayan gücünü derinden keşfettim. Beni hiç görmeden seven hayranlarımdan gelen, güzelliklerle dolu satırların, kendimi en umutsuz hissettiğim zamanlarda beni nasıl mutlu edebildiğine, günümün nasıl güzelleştiğine tanık oldum. Severek, sevilerek şifalandım. Mucizelerin illa büyük büyük görsel ifadelerle can bulması gerekmediğini gördüm. Yaradan'a içten, katışıksız sevgiyle edilen her duanın nasıl gerçekleştiğini deneyimledim. Yani dışarıdaki ben'e bir nokta konmuştu. Dışarıdaki ben, bitmişti. Bir bitişti ortadaki ama bir başka ben'in başlangıcı da oldu. Kendimi yeniden keşfetmeme ve yaşadığım her güzelliği fark edip şükreden birine dönüşmeme. Şükrün gücünü de ben burada öğrendim aslına bakarsanız. Dışarıdaki ben'in bitişi, böyle bir ben'in başlangıcı oldu.

Şimdi bir başka bitişe geldi sıra... Burada, "her bitiş, bir bitiştir" diyorum. Bu yaşanması ve bitmesi gereken bir süreçti. Bir haksızlığa uğrasam bile, kader diye bir şey vardı ve bunu yaşamam gerekiyordu. Bu iftira sonucu adalet, hukuk gibi kavramlara bakışım ve inancım değişti. Ülkeme yakından bakma imkânı buldum, daha önce hiç o kadar derinden bakmamışken hem de. Dünyadaki haksızlıklara... Haksızlığın bu kadar yoğun olmadığı, şiddetin gündelik yaşamın her alanına sinmediği bir dünyayı hayal ettim. Bu belki de ağır bir haksızlığa maruz kalmam nedeniyle oldu. Ve bu sürenin sonuna geldik. Hayırlısıyla, "İçerideki Deniz" bitiyor.

Deniz, hak ettiği gibi gündelik hayatına yeniden geri dönüyor. Derin ve zorunlu bir tefekkür sürecinin ardından öğrendiklerimi artık hayata dökme vakti geliyor artık. Nâzım Hikmet'in, "Ben artık şarkı dinlemek değil/ Şarkı söylemek istiyorum" dizelerindeki gibi, artık şarkı söylemek istiyorum.

Sevdiklerimle kucaklaşayım, kokularını derin derin içime çekeyim istiyorum.

O kartalın ömrü uzuyordu değil mi şehir efsanesine göre. Hani gagalarını söküp, pençelerini söktükten sonra yeniden doğmuş gibi gencecik hayata başlıyordu... Üç doğum günüm demir parmaklıkların arasında geçti ama ben kendimi neredeyse 16 yaşında bir genç kız gibi hissediyorum.

Bir an önce sahneye çıkmak, bir an önce anne olmak, bir an önce sahnelerin sevilen, kıymeti bilinen Deniz'i olmak istiyorum. Biliyorum, zaman akacak, sahneler ve ışıklar bir gün bitecek. Biliyorum. Ancak hayatımda o zaman da sevme ve sevilebilme yeteneğim hep baki kalacak, o hiç bitmeyecek... Bu kitap da işte bu sözlerle bitiyor. İsterseniz, her bitişin en derininden, en acısından bile geçiyor olsanız siz yine de kalbinizi sıcak tutun. Emin olun, vereceğiniz sınav ne kadar büyükse, ödülleri o kadar büyük olacaktır. Mucizelere inanın.

Ve hiç şikâyet etmeyin.

Mucizeler şikâyeti hiç sevmez...

Siz sadece mucizelere inanın ve akışına bırakın her şeyi. Gelin siz de benim gibi mutluluğa söz verin, çünkü hayat çok kıymetli...

*Bana bugüne dek destek olan, yanımda olan, elimi tutan, beni seven, soran, sayan herkes Allahıma şükür ki yine hayatımda ve ölene kadar da inşallah hep hayatımda olacaklar...*

*Anneme, kardeşlerim Serdar ve Serkan'a, aşkıma, menejerim Özgür'e, avukatlarım Naim Karakaya ve Hazal Sağın'a, Bakırköy Adliyesi Başsavcıma, Başsavcı Vekillerime, Cezaevi Savcısı'na... Bakırköy Kapalı Ceza İnfaz Kurumu Genel Müdürü'ne, Müdür Yardımcılarına, infaz koruma baş memurları ve memurlarına, komutan, asker, kantin, çamaşırhane, mutfak, kütüphane, revir çalışanlarına ve tüm kader mahkûmu arkadaşlarıma teşekkürü bir borç bilirim.*

*Teşekkür ederim Allahım sana*
*Çünkü mutluluğa söz verdim.*
*Ağlayarak dünyaya geldim.*
*Sevgi ağacıma bir dilek serdim,*
*Tutacak dileğim bu sefer kesin...*